U0140002

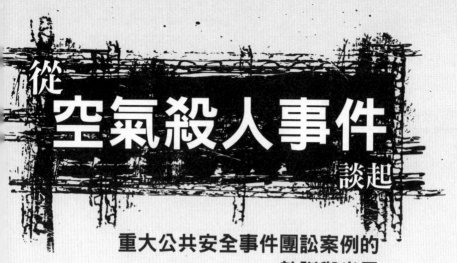

從空氣殺人事件談起

重大公共安全事件團訟案例的
教訓與省思

作者／陳家翃

監製／資深媒體人 張欽

律師／呂秋遠 誠意推薦

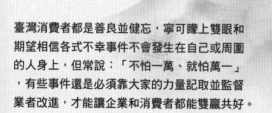

臺灣消費者都是善良並健忘，寧可矇上雙眼和
期望相信各式不幸事件不會發生在自己或周圍
的人身上，但常說：「不怕一萬、就怕萬一」
，有些事件還是必須靠大家的力量記取並監督
業者改進，才能讓企業和消費者都能雙贏共好。

.

我知道家訒想寫團訟事件這本書時，覺得很難得，也欽佩她。

她是位獨立撰稿人，但在商界有接案，也承攬活動。誠如她朋友所說，這是一本會得罪大財團的書。因為書中許多案例，都是在對大財團吶喊，要他們審視自己的良心。

許多團訟案件，被告都是大財團，他們有豐厚的資源，可以下大量媒體廣告，可以聘請強大的律師團，可以找專業的危機公關公司，可以動用以往紮根已久的政商人脈。而多數弱勢的受害者，只能尋求法扶或消基會的協助，透過團體訴訟，卑微的爭取「遲來的正義」。這漫長等待而來的正義，往往彌補不了被害者的傷痛、損失，更何況，正義還可能永遠不會到來。

家訒在書中談了許多國內外的案例，RCA事件從我唸大學時就有模糊的認識，如今30多年過去了，許多受害者早已因病死亡，但團訟還在進行。而近年最大的公安事故八仙塵爆也已過了9年，兩個團訟案，

一審只判下來一個，另一個不知還要等多久。至於 8千多人團訟的亞力山大健身房倒閉事件，一審就等了14 年。

以往在處理新聞，常常會聽到「這種事如果發生在歐美，這麼惡劣的公司早就被判賠到死、告到倒了」在閱讀國外團訟案例時也可以看到，國外團訟案對無良業者的重罰。期望臺灣的司法，未來也能多多考量相對弱勢的民眾、消費者，而不是再三為財團的生存想空間、找辦法。

這是一本值得隨時閱讀、再三思考的書。聽聞作者寫這本書打算捐出所有版稅，我相信她的初衷不只是公益，也是功德。

定傳媒社長楊立傑

　　我是一位媒體工作者，長期關注許多社會議題及經濟發展，特別的是，臺灣近年在各項經貿發展卓越與國際地位聲量提升之時，反觀臺灣「消費權益」卻依然不怎麼被重視，有關此類的議題和論述都被擺在最不顯眼的角落，或者熱烈討論一下便急速消失。

　　只能說，臺灣消費者都是善良並健忘，寧可蒙上雙眼和期望相信各種不幸事件不會發生在自己或周圍的人身上，但常說：「不怕一萬、就怕萬一」，有些事件還是必須靠大家的力量記取教訓並監督業者改進，才能讓企業和消費者都能雙贏共好。

　　記得，一開始構思撰寫此本有關「團訟」公益議題的書，充滿高昂鬥志並自我期望在最短時間內完成，期望讓眾多消費者更了解臺灣重大團訟案件，最重要的是，促進臺灣各界對於消費者權益能夠更加重視。

　　但，當我與朋友討論和熱血分享此議題時，往往得到的回應是，為什麼要撰寫這種「敏感議題」的書？在臺灣，「團訟」是很吃力又不討好的議題，得

罪某些特定大財團怎麼辦？這些財團律師很強可不好惹，不怕被告嗎？

原來，我那自以為是的熱情公益精神，還是需要面對現實的考驗和挑戰，依據事實陳述的內容，只是期待更多消費者能多加注意自身安全或讓企業強化公安的書，筆者自身還要擔心會被告？百思不得其解。

消費者權益的表達和訴求，本應理所當然，但眾多好朋友的關心卻提醒我，臺灣有很特別的社會價值觀和風向球，當然，我並非深具偉大的情操和理想企圖改變法律條文或判決，只期望集合有心的專家和朋友或各案件的受害者，一起用各種方式去激盪不同層面的人、事、物來改善現行制度。

同時，提醒我們不要忘記書中不幸的案例，在未來如何能夠避免並讓消費者享有安全生活和環境的權利，企業經營一定要獲利才能夠永續經營，但同時要有保障消費者的義務和良知。

再者，不得不說，參與團訟的消基會是集合各領域專家學者的義務付出，其精神令人敬佩，有時一場團訟打下來可能打個十多年，先不論能運用的費用少的有夠可憐，加上多少專家共同義務付出大量時間和

體力，所得到的結果往往不盡如人意。

綜觀來看，受害者的權益在判決後是否真正符合大眾對公平正義的期待？這些資訊在網路上都公開透明，大家可以查看看並加以思索。

臺灣在國際地位已占有一席之地，反觀有些企業主和政府單位對待國人消費權益卻如此忽視，好似有些企業看準「有錢就是任性」，真的出事再請眾多律師團和受害者或相關單位似有若無的「溝通」，有時候消費者（受害人）根本是被迫接受不合理的對待。

請問，如果一個人在公安意外中被全身燒傷後，必須面對再也無法工作賺錢、無法自行出門、受到異樣眼光、家人痛苦的生活著，人生被意外毀滅從此變了調，還要被質疑是否故意要求高額賠償金額，請問這樣的價值怎麼評估和計算？您覺得呢？

其實，我和我的不少朋友在此書某些案例中，也是受害者之一，胖達人麵包吃了不知有多少？多少餐飲店、小吃攤，吃進多少黑心油？隨便一問，參與亞力山大的會員，有多少是你、我的朋友？再者，誰沒有去 KTV 歡唱過？你覺得以後車子如果停在停車塔都不會有問題嗎？被污染的土地如果就在您住家附

近，怕不怕每天用的水有被污染，還敢放心用嗎？

　　難道大眾在相信大品牌和大企業之餘，卻換來如此不安全的公安意外或是無良的黑心食品？目前或許還沒有發生意外或造成病痛在我們身上，但能確定如果再來一次或在未來日子裡，我們都還能夠幸運的置身事外、安然無事嗎？

　　此書案例告訴我們，很多經營者有意或無意的忽視或不守法規，到頭來報應是時候未到，不是不報，也反思各議題有關法律形成的問題，因為法律是影響和保護民眾的基石，如果連最基本保護民眾生活的安全都無法成形，那臺灣的消費權益不是開倒車？

　　法律千萬不能在進步的社會中，淪為脫罪的條文！期望臺灣的法律可以站在多數消費者立場，不要亂搞文字遊戲和成為某些權貴的特權，雖然這是段長遠的路程，但大家仍滿心期待臺灣的消費權益可以愈來愈進步，企業經營能深具使命和良知。

　　但往往臺灣的團訟案例，讓無辜的消費者再次受到傷害，事件處理程序時間的冗長，令人身心俱疲，整個案件總在調查後發現，其實只要企業多用點心思和遵循法規，最重要的是持著良心經營企業，在獲利時善盡企業社會責任，就能得到大眾尊敬。

而不是等到出事後，以高不可攀的姿態或依恃政商關係，草草處理爭議後的消費權益，讓我們守法、善良的人民求助無門，反而是助長不良企業發展，這樣合理嗎？

　　此外，任何團訟案，最終目的不是要造成受害者和企業對立，而是期待造就更值得尊敬和負責任的企業，讓人事物一起更美好，這不是口號，而是必然。

　　並非期待出一本書就能夠喚起什麼大漣漪、大進步，但只期待更多企業在經營獲利之餘，同步善盡保障消費者權益，而不要被金錢遊戲和各式政商等關係而蒙蔽良知，企業有的時候的確需要修飾，如同化妝一樣，適時化妝令人愉悅和光彩，但過度的化妝修飾卻顯得拙劣和俗氣。

　　最終，期望不要再發生不幸的重大公安或意外事件，大家一起努力推動，讓臺灣消費者權益更加完善，不僅保護自己，也是保護後代子孫，很榮幸撰寫此書，這是從事媒體工作者深具挑戰和有意義的事，並再次謝謝本書所有受訪者及團隊，大家為保障未來子孫和美好土地而努力，期望創造源源不絕的社會正向能量，圍繞在你我身邊。

目錄

1.訪談／呂秋遠律師

　　我想，誰都不希望發生大型公安意外，造成多人死傷和後續治療的身心痛苦。在意外中，有人一輩子的人生因而走了調、變了樣，但，公道要如何討回？

　　目前臺灣發生大型消費者公安意外時，多數人想到的是走團訟方式，經由第三方單位如消基會出面處理並受理案件，我不認為每件個案都適合採取團訟方式，我建議應視案件傷害性質的不同，做最有利快速處理，爭取時效並站在有益受害者的立場，而不是任何案件都進

行團訟。當然，有些受害者會成立所謂的「自救會」，但總體而言它的組成並不具任何法律依據和定位，以我的經驗，彼此不認識的受害者或家屬在此組織中取得共識有其困難點，反而容易發生意見分歧並延誤時間，能順利運作並發揮功能實則不易。

以我受八仙塵燃部分受害者的委託為例，所採取的策略是個別送件而非團訟，因為每位法官都有不同的法律見解與想法，我請八仙塵燃受害者去講述他們參與這場活動發生意外後的慘痛經歷和心路歷程，再由法官判斷是非對錯。

最重要的是，在此案例上法官應該聽到每位受害者親身經歷的過程，而不是經由別人轉述，因為這些都是他們親身經歷的慘痛和惡夢，近乎一個生命完全被毀滅的意外，有人全身燒傷無法出門，因為無法面對人群的異樣眼光、有人只要環境變熱就全身不舒服，因為他們無法排汗、有人因而喪失非常優秀的工作能力，才正要開啟大好前程，卻因傷無法繼續邁進，得到憂鬱症、有人在後續的日子裡，還懷疑是不是自己的錯，才會發生這樣的不幸並且拖累家人？

八仙塵燃無辜受害者不用知道到底是誰的錯，但

是否能經由有智慧和同理心的法官們還給他們一個「公道」？例如我建議八仙塵燃可否讓法官們聽聽受害者個別身心的苦，一個人只要十分鐘並不過分，再來決定「公道」應該如何還給他們，就是這麼簡單。他們的歷程，不是那種吃壞東西、拉拉肚子、吃個幾粒藥就可以好的事！

但，案例一旦走到團訟案，以消基會立場是以公益為前提，先不說收費少得可憐，接下來要接受和整理受害者資料，程序不僅冗長，法官也會過勞，大家全都曠日費時，總體來說都不是好的選擇，受害者累、消基會辛苦、法官壓力也超大，最重要的是，每位法官都有不同的專業見解與看法，往往在判決時會因為法官對法律看法的不同而有極大的差異。以美國為例，在處理團訟案例的律師們收費高，有其合理的對價關係，更能有效處理和接受受害者的情緒壓力，但如果一旦用公益性質的方式處理各種團訟案件，請問到底要付出到什麼程度才全部符合公益？期望大家認知公益要善用其資源，分別發揮效益，把能量結合在對的方向，爭取對受害者最佳化的結果，我認為才是好的方式。

2.訪談╱消基會董事長吳榮達

　　我到消基會擔任義工服務長達 20 年時間，從義務律師團、召集人、副秘書長、秘書長、副董事長到現在擔任消基會董事長，所承受的責任和壓力愈來愈重大，但還好我意志力算堅強，且在消基會有眾多優秀的團隊，包括各委員會學者專家、義務律師團、志工團協助幫忙下，總能迎刃而解，一一克服。更重要的是，有很多消費者的正能量支持，讓我每每遭逢挫折時能夠面對它、解決它，秉持著大愛初衷理念和堅持，戰戰兢兢帶領消

基會繼續爭取及保護消費者的權益。

消基會最大的團隊資源來自 500 多位各專業委員會學者專家和 200 多位義務律師，還有 200 位每天輪流值班服務的志工們。他們都是消基會重要的支柱，不論臺北總會或臺中、雲嘉南、高雄三個分會，專家學者、義務律師、志工們，大家都無私地貢獻，分文未取，一心只想著如何保障消費者權益和協助消費者解決問題，不論是對政府法令決策的影響，大規模團體訴訟的擔綱，甚至是消費者申訴問題的解決，大概是施比受有福吧，大家參與其中，甘苦與共，但保持滿滿正向樂觀思維前行。

消基會除促成消保法的立法通過，為了完善建構保障交易安全的定型化契約應記載及不得記載事項訂定，近二十年來參與各主管機關和行政院消保處相關會議，絕對超過千場以上，其中難免有挫折，或不盡人意，但對我們而言，只要是公平正義的事，我們就會戮力以赴。

隨著時代變遷，消基會在業務的推動上也朝向較多元的思考和做法，除延續過去市場調查，食品、產品檢驗，檢視法令是否充足，觀察政府執法是否充分有效，申訴案件處理，消費教育及資訊的提供和推廣，捍衛消

費者權益外，未來消基會將會開啟另一扇窗，朝著鼓勵優良廠商和建制誠信商店而努力，讓消費者在消費時有較清楚的辨識力，良性互動地建立和諧互信的消費關係。

我要感謝消基會前輩們篳路藍縷，斬荊披棘為消基會樹立客觀公信口碑，做為後輩的我們當然要戰戰兢兢地保護這塊金字招牌的亮度及厚度。消基會除了努力耕耘國內的消保工作外，為了吸取國外消保法規及消保業務推動經驗，我們加入了國際消保組織（CI），且與多國或地區消保組織簽立合作備忘錄，加強了彼此的合作交流，例如日本、韓國、泰國、新加坡、香港、澳門、大陸部分省市等。我們想身處地球村的世界，消費議題及消費爭議無遠弗屆，因此，消基會願意與各國或各地區消保組織協力合作，共同解決境外消費爭議的相關問題，讓國內外消費者獲得更大的消費權利保障。

再者，要提出來分享的是「團訟」部分，當多數被害人的消費事件發生，消基會總是站在第一線，擔起為被害消費者爭取最大賠償權益打團體訴訟的任務。但打團訟對消基會而言，也是非常艱難且極具挑戰的工作，由於被害人數眾多（以八仙塵爆案件為例，被害人人數高達 400 多人，亞力山大案件、胖達人案件被害人數更

多），資料浩繁，光是收集、比對、整理、審核，人力與資源的耗費可以想見，如果沒有公部門的經費補助，足可將把消基會的財務拖垮（即使團訟律師基本上都是義務性質），因此我們一直期望公部門應多給予消保團體團訟的經費補助，但目前除食安事件可以由食安基金補助，八仙塵爆由交通部觀光局及新北市政府，可以有比較大的金額補助外（雖然補助金額仍不足以支付消基會的實際耗費），其他縣市對於團訟的補助款，真的是杯水車薪，遠遠不足我們需要的經費。

就以八仙塵燃事件為例，我是消基會主要負責八仙塵燃案件之律師，一接到此案時，消基會與我就知道此案件團訟時間將會非常冗長，除了需要長期抗戰，更要面對大企業的律師團們逐一進行攻防。由於此事件受害者人數眾多，有很多資料需要整合收集，雖然此案有 20 多位律師在義務幫忙，但碰到最大的問題在於被害者勞動力減損和未來醫療費用的鑑定。此案有高達三百多位受害者需要鑑定，但北部地區願意幫忙鑑定的醫學中心只有四家，願意鑑定未來醫療費用的醫學中心更只有臺北榮總一家，這些願意幫忙鑑定的醫學中心，必須花費很多人力、物力的時間和精神來作業，此對目前本就人

力吃緊的醫療單位增加太多麻煩和負擔，我們真的非常非常感謝他們。

在本事件辦案過程，我們的心裏是非常沈重的，看著這些嚴重燒燙傷的受害者，身心均倍受折磨，令人印象深刻，在與受害者面談過程，很多人因燙傷的嚴重性，身體根本無法久坐或坐不住，常常不到三到五分鐘時間，就不停的抓癢和因疼痛難忍而坐立難安，需要站起來走走晃晃；還有受害人四肢萎縮，像這樣因為肢體變形讓他們不願或不敢出門，深怕別人的異樣眼光。此外，有些人是如果沒有人陪同協助，會因為行動無法自理，根本無法出門，有的傷勢是，負責排汗功能的毛細孔完全缺損，可能終身無法曬太陽了。

還有一位受害者的父親告訴我，他兒子原本唸的是醫學系，從醫服務大眾的美好人生正要展開，卻在此事件之中死亡，情何以堪？還有一位受害者本來已經離開現場，因為聽到有人求救又回頭去救人，沒想到救了人，自己不小心跌倒被人群踩踏而造成頭部受損，智力回到六歲，還有一位受害者等不到訴訟案的公平正義到來，就已往生了。

太多太多受害者的苦痛，我們都看在眼裡，深深

痛在心裡，他們身體的痛楚加上精神的壓力，這樣的生活品質是他們願意的嗎？請問八仙樂園難道都沒有責任嗎？請問法官或相關單位有沒有看在心裡？

當第一波 98 個受害者的判決結果出爐之後，我們所有參與的團隊都感到十分沮喪：受害者的心情更是跌落谷底，但他們絕不和解，他們仍然相信老天有眼，期待公平正義終會到來。所以我與團隊馬上整理好心情和思緒，繼續面對嚴峻的法律攻防，雖受挫但必須更加打起精神來力拼，否則對不起自己的良心和數百位的受害者。

消基會在此案就是要幫受害者討回公道，如同其他團訟案件一樣，都希望得到被害者權益可以獲得應有的賠償或補償好的判決結果，也期望各大企業在經營事業獲利之餘，也要抱持著永續經營的精神和良知。這些企業要反思，是廣大消費者的支持和付出，才能造就企業的發展，而企業在享受獲利時，也要持著加強保護消費者的安全和權益的精神。我們更期望政府機關能夠積極有效貫徹公權力的行使，縝密的保護消費者權益，且能夠與時俱進與國際同步，甚至跨足國際的合作，共同保護國內外消費者的權益。

財團法人中華民國消費者文教基金會董事長

吳榮達

3.訪談／陳冠榮醫師

　　我的父親在高雄氣爆案中不幸離世，我在因緣際會之下，得到些許媒體的注意，隨即因為這個原因而在本事件的罹難者團體中，擔任高雄氣爆自救會會長。

　　我知道「自救會會長」並不好當，一定會面對很多挑戰。在此，必須感謝當時我在萬芳醫院的腎臟科主任和其他所有主治醫師及學弟們相挺，並配合我的時間幫忙排班等事宜，讓我可以順利安排往來南北處理工作和協商等事宜，以解決此次不幸的氣爆事件。

事發之後十分混亂，除了安排並籌備父親後事，也必需花費許多額外的時間收集受害者的聯絡資料，於此分分秒秒對我都極為寶貴之時，卻不幸遇上了謊稱能提供資料以及協助的知名宗教單位，以我和家人出席他們的節目作為交換資訊的條件，但這個實況轉播節目在以受災戶和罹難者家屬幫襯他們宗教領袖的光環後，最後卻拒絕提供任何資訊，浪費了我許多協調和收集資料的黃金時間，甚感無奈。

　　做為自救會長，要扛起受害者家屬情緒的同時，還要兼顧理性協調各方關係人的處理工作，其實有點辛苦。但我想法自始至終都維持一致：「起點是很糟的狀況，這已經是過去式，沒有任何方法去改變了，唯一能做的，就是後面的走向，不能因為情緒的干擾，而讓此件事往更壞的方向發展」。

　　感謝當時所有自救會的家屬們對我的信任，大家認同我在第一時間的要求，不要「有任何單一家屬受訪或發表訊息」，因為經由媒體的放送，或許僅止於個別家屬，少數情況甚至是沒有血緣關係的旁人發言，都會在當下的狀況被社會大眾誤認為是全體家屬的立場；同時，在混亂的局勢當下，任何的發言不慎，都容易被各方關

係人做錯誤的想像亦或引導，而這都會讓本已難以處理的局面更為雪上加霜。

我也特別感謝在我快要扛不住壓力時，自救會的王副會長從未改變的鼓勵和支持，這樣的革命情感是堅定不移的。在嘗試理性處理此事件的過程中，難免遇到受害者或家屬的情緒找不到相對應出口，他總是第一時間跳出來說：「我家死二個人，連我都相信陳會長了，大家有什麼理由不相信。」他的堅定立場，讓受害者和家屬能夠安心和放心，交由我來繼續妥善處理，因為發生這樣大規模的不幸事件，只有團結一致，堅定信念，整個方向才會往對的結果走去。最後，我們全數通過和解。

每位受害者或罹難者家屬，都是獨立的個體，需要各種不同狀況的照顧和切入方式，也因而能圓滿讓所有罹難者和近乎所有重傷者（僅一位因家庭因素而未接受）達成和解，是要感謝許多人的。

首先，當時高雄市政府對這起不幸事故的態度是一切的基本：時任高雄市長陳菊，明確的指示市府團隊要全力協助我們自救會，這是一個很重要的公部門力量，如果連事發所在地的政府單位都不站在同一陣線上，沒有把整個市政府的力量借給我們這樣沒有任何影響力的

受害者群體，我們是沒有任何方式找到能平等的與事件中的各個關係人坐上談判桌的機會的。

還要感謝當時地方上無數熱心和誠信的政治人物，包含了吳益政議員和黃昭順委員，我們雖然以前都不認識，但在此事發生後，我的一通電話就可以提供給我們無數的協助。一路上雖然曲折且顛簸，但每當感到山窮水盡時，總是能遇到貴人幫我把阻卻去路的大石挪開。事發之後，包括了榮化和華運公司的協助，以及奧美公關和通商法律事務所，雖然這些單位都代表著其他關係人而非受害者，但縱觀整個事件，卻是持續的為受害者們著想並付出全力妥善的安排，這些心意，不管是在事件當下的感受，或是多年後的回顧，都是十分明確且感受持久不變的。

有人問我，我怎麼好像很冷靜的在處理這樣的大事件，其實我一開始打算要嘗試談和解的時候，就有這樣的評估：「看得到這件事會很困難，但看不到一定會失敗的點」。而過程中遭遇挫折時，我的想法也都是帶著：「只要我還沒認輸，我就沒有輸」，這樣子有點阿 Q 的精神在安慰自己並得到走下去的動力。

我們都知道人死不能復生，唯一的處方就是只有「放下」和「前進」，不能只是讓肇事單位道歉而已，而要是讓肇事者「感同身受」家屬的心情和悲傷，我認為只要是「正常人」都會有同理心，也會願意去擔負更多的責任，讓事件往好的方向發展。而當家屬能感受到肇事者是能同理也願意付出的時候，家屬才能接受，才能原諒，整件事才能往前走。到最後這樣小小善意的起始，就能接續的形成一個圓，一直在所有關係人和家屬之間持續的循環著，最後帶著所有人一同脫離這個悲傷的現狀和情緒的漩渦，找到下一個，再怎麼無奈也必需找到的人生常軌。

　　一開始，我去和李長榮化工的李董事長見面，他一見到我就馬上跪下來，而且表明如果他有錯一定會負責到底，事實上，我們受害者的確感受到他很努力的在做補償的事情，不只是錢，而是真正的行動和關懷。

　　由此事件，我的人生有了很大的轉折，本來在氣爆案發生前，我在所任職的單位即將擔任主治醫師，但後來因為要時常往返南北處理相關事項，最後決定離開醫學中心，到了基層診所就職，雖然多少覺得可惜，但也因此得到學習不同思維和看法的機會。

我想，我們的案例及結果是比較完善和幸運的。儘管我把每一個阻礙都視為過程，但能讓這些真的成為過程，並非只靠我的希望和看法就能達到的。整件事能持續並且及時的，在每一個癥結點都能得到幫助和解決，這就是很大的運氣了。我相信基於善良，不抱任何私心，試著照顧並考慮到事件中的所有人——不只是受害者，也包括關係人，這樣子的出發點，雖然會多花很多時間，但其實看似更遠的路，不見得不是最美好的路。

　　我深知重傷者的需求永遠在，而且很多受害者照顧需求是一輩子的，善款都有試著在財務上做最長久持續的安排，但當時有些有心人士讓這些被做成新聞事件，導致善良的社會大眾會擔心善款使用不當。也幸而有這樣的機會，我們善款的使用，經過不管是法院，不同顏色執政的社會局，以及監察院的調查之後，沒有任何不合法的狀況產生，僅有一些使用規則上的小瑕疵。而尤其是監察委員在約詢時，還有在會議上提及，我們委員會運作的機制是十分良好的。

　　有不少人問我，未來如果推動臺灣團訟的健全制度，有何建議？我只能再三強調，個人能力要處理十分有限，受害者要能夠團結，讓業者知道需求是什麼，團結力量

大不是口號，而是要互助互信才會圓滿。

　　我不得不說，民國的年份走到現在，雖然有 112 年了，但在民主政治上，我們仍然相對年輕。民眾對於自己權力的界限和拿捏，企業對於自己品牌的責任和認知，以及政府在面臨到突然的意外狀況時，在規範以外能做到什麼樣的角色和處理，其實所有人都還在學習。但還在學習不是藉口，唯有每一個角色，都多一些些嘗試，伸出手去摸索清楚整個框架，並試著在合法、合情、合理的角度下擴展到讓彼此能對接，這樣我們的體制才能持續的前進。

　　我想沒有人希望有受傷害的不幸事情發生，但一旦發生就要解決，政府和企業的能量和資源是巨大的，政府各單位能夠站出來，能在第一時間帶給受害者權力和力量，企業和財團們才有更大的機會向受害者開啟對話的窗口並給受害者更多溝通對談下容錯的空間。

　　企業在追求利益的同時，也要思考永續發展和企業社會責任，例如我就覺得八仙塵燃的受害者很辛苦，我知道燙傷患者的傷痛及經濟的壓力，還有永無止境的精神折磨，這些八仙受害者也是社會的一份子，希望八仙樂園及其背後的企業，能看到我們高雄氣爆處理的狀況，

而去進一步的思索。當考量的對象是企業的規模和恒久的持續時，品牌形象就會是很重要的一環。而在此法院判決已然定讞的時機點，我認為，其實更是八仙相關企業最好的試著對社會付出，以及和傷者開啟對話的時機點。

4.訪談╱吳益政議員

　　永遠記得，李長榮化工氣爆案事件發生地點，是在我當議員時的選區，適逢我的競選總部正要用嶄新的貨櫃屋蓋起來，發生氣爆案件後，很多我的選民們基於熱心和擔心，都建議我不要把競選總部蓋在氣爆地點，但我和團隊堅持留在當地成立總部，我們想的已經不是選舉，而是此刻會有很多受害者需要協助，我一定要在。

　　事發後，我馬上就進到災區了解需求和整體狀況，不得不說氣爆發生後的前幾天各種資訊處於很紊亂的局

面，後來遇到李長榮化工氣爆案自救會會長陳冠榮，他馬上和我表示氣爆案後拜訪政府官員、里長等，每個人在第一時間都說有需要可以打電話給他們，但真的有重要事情想請他們幫忙，打了電話去所呈現的好似不是那麼一回事。聽到陳冠榮的陳述，我並不會感到意外，不得不說這類大型公安意外很多人不知道應該如何處理，再者對於這樣的事有太多眉角要注意，吃力不討好的工作是人性最不願意去面對與解決的。

我隨即和他表示如有需要可以打給我，沒多久他打給我告知有事需要協調，我馬上答應，我既然說過要幫忙就一定會信守承諾，陳冠榮雖然父親因此事件不幸離世，但他基於自救會會長一職，為了全部的受害者站出來協調並保持理性，EQ 穩定的確不易。

其實氣爆案一發生，我即刻請團隊了解整體事件的來龍去脈，所以大約知道要如何抽絲撥繭並思考如何溝通，當我去政府局處溝通時，大家的確把此事當成燙手山芋推來推去，以我這種耿直個性，馬上相約時任高雄市市長陳菊，我相信以我和陳菊市長有著相互的信任感，她深知我常為公眾事物著想，長期不分黨派都基於大眾事務而積極奮鬥著。

所以我與陳菊商談市政府應要負擔起責任，錯了就要有擔當，市民有困難就要協助幫忙，因為這不是市民引起的氣爆案，而是整個市政府的相關公務體系、民間大型企業共同疏忽才會發生的大型公安事件，造成市民無辜死傷。當然，在第一時間此案因為廠商和市政府都有責任但尚未被法律釐清歸屬，相關人員遇到這種事情都會先退後，但我認為以市政府的立場，無論如何都應以市民權益為優先和積極處裡，這才是政府單位存在的必要性。

　　同時，我透過黃昭順委員與李長榮化工董事長李謀偉溝通，並建議除了談判、行政處理流程與理賠程序，通常都會被法律拖個三、五年，責任可能是市政府或李長榮化工，只是責任歸屬比例需要法律程序判決和執行賠償程序，但人民是無辜的受害者，這種程序會很冗長，我建議李謀偉在三方即自救會、市府、李長榮與華運協議後，由廠商先代墊合意的賠償款，日後待法律責任判定後，依責任比例分擔應付的賠償金額，特別先談死亡的受害者，畢竟死亡是已確定傷害，但這樣的狀況市政府也要編列預算才能賠償，李謀偉聽完我的建議後很快就答應並做出賠償，事後證明整體是往好的方向發展。

我事後分析此事能夠往好的方面發展：第一個是陳冠榮的冷靜態度，亦安撫受害者一定朝好的方面發展而不會惡化。第二個是李長榮化工對於處理此事的相關人員，願意用同理心對待和看待，亦能接受我對於企業控管風險的建議。第三就是高雄市政府市長陳菊的一聲令下，讓相關局處願意面對。在三方談完有共識後，隨即開記者會，不過我並沒有參加，我只是盡力協助做好對的事情，如此簡單。

　　發生這樣大型公安事件真的很不幸，我認為各方的「信賴感」非常重要，不管是民意代表還是公司代表，這種「信賴感」要給受害者有感，讓他們有被支持和尊重的感覺，而不讓受害者有活該倒楣的感受。大家要把困難點、要協調的地方全部提出，用同理心去面對問題、解決問題，才能順利往前邁進。

　　依據我過往多數的經驗，過程中只要有任何一點挑剔就不會成功，好險此案基於良好的信賴感讓受害者感到放心並即時得到幫助，事後再去釐清法律責任歸屬，兩個軌道並行，讓受害者不用在飽受痛苦的同時還要花心思去爭取自己的權利，最終還是在這起不幸的意外中有了良好的結局，我想這個事件的處理過程豎立了非常

好的範例，讓以後如果不幸發生公安事件的企業能夠借鏡。

　　有個案例讓我印象深刻，就是八仙塵燃，這件事我認為處理的很不完善，企業一開始就逃避推托，如此有能力和財力的大企業對受害者置之不理真的是非常惡劣，企業第一時間給予協助本基於企業社會責任，善盡社會道義在人民心中是非常重要的，很可惜此事件的企業選擇置之不理。

　　此外，我覺得類似事件還有值得討論的議題就是「保險制度」，我認為不幸的大型公安災難應該要設立基金去保護受害者。發生不幸公安事情時，不管怎樣就是有人會受害，如果受害者身後有老弱婦孺的家庭，保險可以精算合理的價格，那麼這個保險制度就可以在他們頓失經濟支柱時救濟他們，並提供協助，我相信對於談判、釐清事實會有很大的幫助，讓受害者在第一時間有辦法得到最直接的生活或醫療援助，才能繼續商談與釐清事實與責任歸屬。

5. 訪談／呂忠吉

2015 年 6 月 27 日八仙塵燃造成 499 人死傷，八仙塵燃彩色派對活動負責人呂忠吉因業務過失致死罪，遭判有期徒刑 5 年，日前從宜蘭監獄出獄。

八仙塵燃發生至今，呂忠吉服完刑期後表示：「出獄後，我可以不發表任何意見，安靜過日子也是人生一種選擇，但我常常自問，難道八仙塵燃事件就這樣不明不白的告一段落，我就這樣平靜過自己的人生，心裡會好

受嗎？」

他看到聯合報在他出獄時寫的這篇文章，非常有感觸、也更感嘆，聯合報的標題是「八仙塵爆鉅額賠償坦言付不出 呂忠吉：真的是我該賠的？」，內文提到「違法沒關係，出事有人扛就好？」、「承租場地辦活動，是相信場地合法，出了事情，所有人跑光光，由根本不在現場的他扛起全部刑責。」、「八仙明明錯得離譜，卻完全不用負責，臺灣司法在在讓人民失望，彷彿在說『司法只有權貴玩得起』。」

服刑期間，呂忠吉在監獄裡的確也抱著對受害者歉疚的心，但腦中仍不斷回憶，法官判他刑期的那句說來莫名奇妙、避重就輕、毫無法官知識的一句話。

呂忠吉在法庭跟法官說，他在離開現場之前已多次跟主持人及舞臺的總監邱柏銘交代「舞臺上活動都已經結束」，並且呂忠吉也把色粉收到臺下放好，接下來沒有要噴色粉了。

照安排的流程，接下來 DJ 持續播歌，民眾自然會漸漸散去，呂忠吉表示，這是前三場的經驗，但哪知現場有人跑上舞臺噴色粉造成八仙塵燃，呂忠吉那時已在園區外和逐漸散場的民眾道別，根本無法阻擋。但從之後

的判決可知，所有肇事現場的任何人皆無責任，包括真正肇事者，而是全由呂忠吉負責扛下全責。

呂忠吉回想表示，整個事件在事發當時，有很多好朋友和有良知的媒體，都知道他是被趕鴨子上架，法院想趕快把他快一點關進去以正視聽、交待了事，相關各單位象徵性完成了八仙塵燃有人被關、被判刑，給社會大眾和受害者一個看似司法能夠快速執行公平正義、呂忠吉是這案件之中唯一最壞的人物代表，其他不想負責的單位、或者說有能力推責的人就是一付「大家看喔，八仙塵燃有人被關喔，有罪的人是呂忠吉喔」這樣的判決就草草被推出去的一個交代。

其實，略懂法律的人應該就知道，或根本不用懂法律的人也知道，整個案件對呂忠吉的判刑和過程極度粗糙，而且「人治」判決居多，相較於其他單位，好像完全置身事外，特別是場地出租者八仙樂園，居然一點事都沒有？

但至於對呂忠吉而言，他表示：「我關就關了已經無所謂，因為被關至少對得起自我良心，但我就是看不起那些『重重講起、輕輕飄過』的大財團和官員們，試問這些人的良心過得去嗎？」

呂忠吉強調如果他默默不出聲，事實真相將永遠被大財團和無良官員掩蓋，受害者的官司卻無法找出真相，這難道是臺灣司法公平正義的表現嗎？臺灣司法變成是「私法」嗎？還是一直在為了某些企業護航？

　　司法的確讓人民失望，至今仍對八仙塵燃的受害者與家屬如此不公，呂忠吉更期望相關政府單位，特別是新北市長侯友宜一定要道歉，大家記得嗎？對於當時侯友宜義正詞嚴說的「八仙不可能過海」還頗為相信，沒想到直至今日，「八仙真的過海」了耶！而且有些人往往就把「關公」的「正氣」掛在口邊的人，到底所謂的「正氣」精神在那裡？

　　呂忠吉一被關出來，就有媒體前來採訪與關心，他把心情和意見表達出來，希望能夠再次帶動民眾對八仙塵燃的記憶和判決，透過媒體的力量再把不良八仙陳家企業再次被檢視。

　　呂忠吉覺得他真的有錯，大錯特錯在於相信知名度這麼大的八仙樂園，所使用的活動場地應該都是合法安全的，但是，居然能夠在不合法的土地經營那麼久，而且有一半以上的土地都是非法營業，一般老百姓都不知道吧？但相關政府單位不知道嗎？企業可以這樣非法經

營瞞天過海爽爽賺嗎？

　　如果沒有後來的媒體和相關單位的資訊，呂忠吉也不知道居然是在八仙樂園非法營業的場地上辦活動，如果早知道他就不會與八仙合作，也不會發生不幸事件了，但事後，所有政府相關單位都沒有錯嗎？不可理解。

　　再來的錯是，粉彩活動是呂忠吉與八仙樂園合作的第二場，也是他辦過的第四場，由於八仙樂園覺得雙方合作的第一場活動帶來的人數及效益實在太好，所以第二場亦是八仙樂園團隊主動邀請呂忠吉辦的，也就是造成八仙塵燃意外的這次。

　　八仙樂園為了營利考量一直要與呂忠吉的公司共同推動賣聯票，也有收取活動場地租金，請問，這樣的合作互利關係，出事都是呂忠吉公司要負責？合辦單位不需要負責任？出租場地者不用負責任？相關媒體活動宣傳也都有刊登彼此的資訊，那是否以後的合作單位都要單方面負擔所有的責任嗎？

　　是的，呂忠吉感嘆還有的錯在於，只要他所舉辦或合辦的活動都有全程錄影，那是他的習慣，只要辦活動公司都會拍攝現場畫面，以防有什麼事情要追究或檢討，諷刺的是，沒有想到這次追究的不是別人，而是呂忠吉

自己，但可笑的是，他還不在事發現場，但在事發後，法官一直不給呂忠吉播片影片自清的機會。

當天是呂忠吉的朋友沈浩然見呂不在現場，他既不是這場活動的工作人員，也不在造冊名單內，所以自然不知道本場流程，在呂忠吉離開現場後，沈浩然沒有詢問他和經過同意，就自己上臺指揮工讀生又把色粉抱上臺，就對著臺下開始玩起來。

從官方攝影中可以看到，因為工讀生沒經驗，所以跌倒造成這次的意外事故，結果沈浩然應為指使的真正肇事者，卻刑事、民事全無責，這豈不是荒謬至極？法官只和呂忠吉說了一句名言：「你現在知道負責人不好當了吧！」多麼特別的一句話！所以司法判決是給不懂的人去接受的。

呂忠吉自覺，只能接受這是冥冥中老天給他的功課，也是他人生必須經歷的事，試著「接受、面對、放下」，但請問相關的政府單位、企業做了什麼？

呂忠吉強調，「我只是一個平民老百姓，如果受害者因為我被關覺得心情平復，我覺得很好，但對受害者而言有什麼實質上的補償嗎？我真心認為，這不是對受害者公平正義的事，他們的傷痛、精神壓力、經濟壓力，

他們的無助，有沒有人可以補償？有的，但這些人卻是想辦法脫離責任，這樣的案例在臺灣可以就平靜的過去，任由大企業為所欲為，那以後臺灣司法如同依靠獲利多少的企業，和幾個政客把持，消費者權益到底在那裡？」

目前，呂忠吉該付出的、該幫忙協助的，都有努力付出，也經得起大家的討論和檢視，因為他無所畏懼，畏懼的是那些應該負責卻沒有負責的人，或是說一套做一套的政客，不是不報，是時候未到。

呂忠吉可以不斷與清楚地還原當時狀況，只期望臺灣的司法可以「發掘真相」，而不再是比誰有錢有勢，這樣的價值觀對臺灣只有不斷退步，對未來民眾的生活和保障，一點意義都沒有。

期待再期待，臺灣的司法可以還給受害者一個公道，不要再欺騙民眾，不公的司法判決和不能與時俱進的法官們，應該被淘汰和檢視，臺灣消費者的權益需要更被重視，而不是被夾在大財團與公部門，當皮球踢來踢去，後來被踢到這些受害者權益被大家和社會遺忘，但本應有罪的人依然賺飽飽過著逍遙自在的生活，兩相對比，不勝唏噓。

6.訪談／蘇錦霞律師

我擔任律師已經 30 餘年，亦曾任消基會董事長，坦白說，目前臺灣對於團體訴訟程序方面，對受害者來說很繁瑣又困難，如果再碰到不怎進入狀況的法官，就更令人頭痛。

團訟過程在起訴前需要整理大量資料，時間少至半年，多至一年多，不僅文書處理曠日費時，對於受害者而言更是一大折磨，如果有身體損傷的受害者或面臨生活上不便、經濟壓力等，這些受害者更備受巨大的身心

苦痛。

　　以消費訴訟為例，進入訴訟前要收集至少 20 份以上的授權書，除了要得到他們個人簽名外，還要整理大量相關個資，全部處理完之後才能夠起訴。然而起訴後，對方律師會從程序上面要求，包含授權請求的內容、範圍等，如果是未成年是否有法代同意簽名，再細微的東西都會去爭辯等等，或者又要再耗費時間去檢查與補足資料，最後才會進入實體訴訟，讓法院決定判賠多少錢。

　　因為起訴的準備工作繁瑣，要好一段時間之後才會起訴，有些消費者沒辦法和大企業虛耗，時間久了也會著急，只能用比較不好的條件去跟業者談和解並委協。

　　通常消費者的法律常識有限加上需要面對各種壓力，受害者所成立的自救會常被當下很多混亂的資訊干擾，讓大家互不信任，甚至會有外力介入導致意見分歧，所以團訟對於準備工作以至於各階段都充滿困難，這就是臺灣團訟目前面對的狀況。

　　相較於對國外團訟的研究了解，我認為日本現在的團訟制度很值得臺灣借鏡，日本將訴訟分為兩階段，第一階段為事實層面，先決定這起案件是否有責任要賠償，確認時再進入第二階段，開始收集資料，然後讓所有消費者舉證自己是否有遭受損害需要賠償。

這樣起訴的門檻及成本會大幅降低，不用事前先大費周章準備資料，而是先確認事實再去做準備工作，不會白費很多人力、物力。而且，如果事先確定有責任要賠償，再去找受害的消費者來請求，由於賠償範圍業者很難預估總額，業者就會因為害怕團訟而對自我企業要求更小心謹慎，對消費者保障也非常有利。

　　所以，消基會也有舉辦很多企業講座，讓企業知道怎樣才可避免問題的發生，對於消費者和企業兩邊都能共往好的目標前進，但一旦發生問題時，我們還是一定要站在第一線保護消費者，並當溝通的橋梁，努力解決問題。

　　前置作業都努力收集完備，但有時對於某些法官的回答也真不知如何溝通和面對，讓我最有感的是某起食安案件，法官直白的問受害者說：「有沒有肚子痛？有沒有覺得噁心？有沒有嘔吐？」雖然法官是為了要證明這些傷害，但我們已經在訴狀上寫了，目前沒有這些狀況，但殘留物還是會留在身上，未來有可能導致很多疾病的產生。由此可見，在這整個長期過程從開始就可能令人如此不舒服，顯示受害者往往在團訟前、中、後都可能會受到精神上的持續傷害，一路走來可說是非常艱辛。

　　再以知名的八仙塵燃為例，從發生到起訴也經歷蠻

長的過程，時間冗長是一回事，但有時候判決下來的結果更令人灰心和痛心。我以專業律師的立場分析來看，此案例的業者應該有連帶責任的，但目前居然被認定是不需要負責任，因為此活動有「租賃關係」，企業單方面認定所以發生事情跟房東無關，只和房客有關。

如果先跳過「租賃關係」，但仔細查看房東根本不可以出租場地給他人辦活動，且經調查後發現該地根本是違法使用，而且出租後出事，表示此活動場合安全措施沒有達到標準，事後追查根本是危法又危險的場所，可見業者根本長期無視消費者權益，難道沒有過失嗎？這樣子不用負責任嗎？政府單位都沒有檢查過那麼大的娛樂場所營業合法性嗎？此案很值得大家一同深思和探討。

回想過去，臺灣都沒有團體訴訟這個制度，直到近十幾年來消基會結合各界專業的志工，大家共同努力，甚至和法官開了幾場座談會討論，長期以來與有志一同的朋友們秉持樂觀學習和服務精神，可能和我一樣就是「努力地想、傻傻地做」，才爭取到目前的「團訟」制度。亦是我一直以來堅持的理念「幫不懂法律的人多做一些事，讓這個社會更進步美好」，那怕只是一點點進步，但可以讓消費者的生活充滿保障和尊嚴，就值得了。

7. 空氣殺人——韓國「加溼器殺菌劑毒害事件」

「空氣殺人」？這四個字一出現就衝擊人類的思維！空氣怎能殺死人？但卻是真實發生在生活中。

此事件起源於韓國，在 2011 年引爆南韓社會恐慌的「加濕器殺菌劑毒害事件」，不僅是全球首起濫用化學物質導致的環境毒害事件，更是南韓史上最嚴重的化學慘案，但肇事企業長年擺爛不賠。

事後政府機關介入調查後才發現添加的殺菌劑正是元凶，南韓政府統計，加濕器殺菌劑的被害者有數千人

受害，數百人死亡，釀禍的利潔時負責人最後因此入獄服刑、賠償巨額賠償金，但造成的人命傷亡和後續治療等，難以用金錢量化。

南韓因為冬天天氣乾冷，許多家戶都有使用加濕器的習慣，但特別的是，2011 年南韓國內大量出現不明原因的肺炎肺部纖維化的病例，根據調查後發現這些案例都有共同特徵，就是在家中使用好幾個月的知名殺菌劑在加濕器裡。

後來，韓國導演趙鎔墻因此事件拍攝「空氣殺人」電影，即是改編「加濕器殺菌劑毒害事件」，受到許多國家和民眾的迴響和省思，事後亦讓時任總統文在寅公開致歉。趙鎔墻導演表示：「對相關事件越了解大家就越憤怒，希望我們都能認為這是屬於我們的故事。」

前言：

市售常見的加濕器號稱可提升空氣濕度，如果再配上各種香味的精油，就有著不同香氛感受和效果，頗受消費大眾喜愛。

由於自己長期有呼吸道過敏和鼻塞問題，想說用加溼器或許可舒緩，加上前陣子疫情期間，看到友人家中有臺加溼器不僅可淨化空氣還可變化顏色，頗為有趣，

隨即買兩臺分別放在家裡和辦公室使用，記得那時新聞還播出某家電商平臺在疫情期間，民眾在家時間變長更需要各種療癒小物，而加濕器產品在此時的銷售量，亦呈現倍數成長的宅經濟。

其實，我們走在路上或百貨公司，常看到各式店家在賣加濕器，除了機器造型多樣化頗受消費者的注目，還會聞到不同香氣，商家們宣稱加入不同的精油成份，對人體會有不同的療癒功效，有的可提振精神、可舒眠、可充滿浪漫氣氛的、還有殺菌清淨的效果等等。

但，有次朋友來我辦公室，看到我正在使用加溼器，記得那天我是用號稱有殺菌清淨功能的精油，正當我想開口告訴他可以去買一臺加溼器來使用，朋友就說：「臺灣是個潮濕地區，有必要用加溼器嗎？而且你加一堆有的沒有的精油，不知到底是純還是不純，可不要吸到身體裡造成反效果，更慘。」

我說：「我買的那臺加濕器應該不錯！在百貨公司有專櫃的，你看它宣傳上寫著在機器滴上精油可以消毒和淨化空氣，雖然疫情剛過但感冒的人還是那麼多，所以我買來預防預防。」朋友又吐槽我說：「你在開玩笑喔？用空氣消毒？搞不好人先被毒死，別忘了，很多廣告詞

都是騙人的。」

　　不久，有位長住韓國的親戚回到臺灣，順道來我辦公室閒聊，當她看到我使用加溼器，她馬上告訴我，韓國爆出大事件 -「加濕機殺菌劑事件」，造成 239 人死亡及多人終生後遺症的真實慘案事件。

　　我聽完她的描述後目瞪口呆，無法置信，居然有大企業為了賺錢會賣出危害消費者生命並造成健康重大後遺症的產品。

　　我這位親戚表示雖然她有購買，幸虧沒有經常使用而逃過一劫，但在此新聞事件後，她火速到醫院檢查，確認身體並沒有造成任何傷害，同時，她推薦我去看這部真實故事改編拍攝的電影「空氣殺人」。

　　看完電影後，我受到極大的震撼和恐懼，大家生活在號稱進步的社會中，居然會發生知名企業販賣無良商品給相信品牌的民眾，有如臺灣黑心油事件，同樣是大品牌靠著強大產品宣傳，受到眾多消費者的愛護和信任，最後卻沒有好好保護消費者權益，反而讓支持他們品牌的民眾深受其害。

　　大家後來探究這次韓國加濕器案件造成使用者不可逆的傷害，原因在於廠商產品加入殺菌劑，透過加濕器

噴霧讓這些號稱可殺菌的化合物從人體呼吸道進入身體，長久累續後讓器官造成傷害，眾多受害者的各式症狀逐漸浮現，而且只要家中有一個人受到的傷害，就會造成一個家庭悲劇。

近年來，疫情影響下造成大家對居家殺菌非常重視，也對於病菌消除十分要求，只要標榜消毒殺菌相關的討論或資訊都會讓人趨之若鶩去購買。但此時如有不肖廠商宣稱產品可殺死病菌，加上廣告效益大量傳播，讓消費者潛意識對於產品產生好感，不少民眾就會購入各種消毒殺菌用品，然而怕就怕遇到不良的廠商，運用人性的弱點大肆販賣有害的產品，同時又能遊走法律規範之外，此案不幸社會事件震驚國內外，讓人感嘆無良廠商為了獲利可無所不用其極。

因此，韓國加溼器事件後，有不少醫師呼籲不要擅自在加濕器內添加消毒或殺菌劑，因為呼吸道的過敏免疫反應相當複雜，醫師表示許多化學藥物對外表的皮膚可能無害，但是進到呼吸道脆弱的黏膜上皮組織，就有可能產生意想不到的傷害。

然而，有些企業肆無忌憚只顧創造豐厚營利，在遇到團訟時即便進行法律相關調查，由於太多案件資訊需

要整理，通常都會啟動推拖 SOP，企業就開始不斷推脫責任，好像無辜受害者的痛苦災難事件都與他們無關，倘若我們沒有發掘真相的勇氣和分析對錯的能力，又該如何在不對等的抗爭中取得勝利呢？無辜受害者天天活著要與之奮戰，對於加害者漠視消費者的人命，處處顯示企業的可惡，也反應出政府能力的確有待檢討和改善。

拍攝此部電影的導演曾感慨表示：「大家如果對此事件越了解就越憤怒，希望看到這部電影或知道此事件的人，都一致認為這是屬於我們的故事。」電影的上映不僅造成韓國社會的重視並延伸到各國演出，造成國際社會與眾多消費者的自我省思。

電影最後一幕是真實受害者們齊聚喊著：「我們在這裡，我們就是證據。」場面既震撼又令人動容，這些「證據」都是在真實世界裡活生生的受害者，所有人期許不要再次有這樣的事情發生，世界各處都持續關心判決結果，希望能有公正公平的處置，還給受害者公道，此電影票房比當初預估高出非常多，最也代表的民眾對此議題的重視與支持，並造成很多面向的社會迴響，深具意義。

民眾應對此事件持續關注，也希望大家記得這些無

辜受害者的聲音，團結一致讓政府聽到抗議的心聲，讓大多數民意能夠保護自我權益，並成功下架無良產品和企業，更期望各國政府單位要對廣大消費者權益有更多的保障和監督機制，才能避免不良廠商為了獲利而採取的不法手段，進而殘害無辜生命，這些生命有可能就是我或你。

加溼器殺菌劑毒害事件

「加溼器殺菌劑毒害事件」為什麼震驚世界各國？但，現實受害者的狀況還比電影更殘酷、更令人對無辜受害者充滿不捨，更突顯出對大企業的冷酷無情充滿恐怖，我們消費者要相信什麼才是對的產品？什麼才是真相？

2011 年引爆南韓恐慌的「加濕器殺菌劑毒害事件」不僅是全球首起因為濫用化學物質導致的環境毒害事件，更是南韓史上最嚴重的化學慘案。這個在當年打出「世界首創」、「南韓唯一」噱頭熱賣的加溼器殺菌劑，卻因無良廠商在成分中濫用人體無法接受的化學物質，導致超過 100 萬人染上肺部疾病，2 萬多人因此死亡。

「加溼器殺菌劑毒害事件」「不只是殺菌，連自己的命都殺掉？」受害者在環境中使用噴霧殺菌以為很安全，

結果噴霧劑被吸入肺部，導致肺部纖維化，此產品是「殺菌加濕器」，「號稱」可有效清除空氣中的細菌，是產自知名大廠商，因是大品牌理應不會有大問題，讓消費者毫無防備之心，但卻沒有想到此廠商在獲利之餘，完全沒有考慮對消費者健康是否會帶來任何不良影響。

事發於 2011 年首爾一家醫院發現接連死亡事件是肺纖維化症狀的病人，而且死者多為孕婦，同時出現多名患者死於急性肺病，一度在韓國引發恐慌，後來經過調查，韓國疾病防控中心確認「兇手」就是加濕器殺菌劑，並相信 4 名孕婦家中所用的加濕器殺菌劑，與她們肺部受損有顯著關係。

受害者之一主角鄭泰勳醫師，其妻子因使用加溼器殺菌劑引發急性肺病而死亡，他除了傷心不已之外，決定展開調查，為此他和身為檢察官的小姨子一同奮戰。

該事件起源為韓國知名大品牌公司於 1994 年生產一款加溼器殺菌劑，上市時標榜「世界首創」、「南韓唯一」，長達 17 年時間裡該款加溼器殺菌劑累積銷售千萬瓶，銷售成績與公司獲利十分亮眼，這項產品幾乎成為韓國家庭必備品。本來消費者都認為大品牌企業掛帥就是安全安心的保障，得到眾多消費者的支持和信任，沒

想到卻做出如此傷天害理的事情和產品。

而患者死亡前平均每年使用加濕器 4 個月左右，而且都會添加 PHMG 殺菌劑，儘管該產品在 2015 年禁售，但受害者其不可逆的傷害已經造成，案件展開一連串訴訟。2017 年韓國政府正式進行制定特別法案，南韓總統文在寅同時公開向受害者及家屬致歉。

最終不幸造成約 103 人死亡，大部分是女性及小孩，大多數受害者都是使用利潔時生產的 Oxy Ssak Ssak 殺菌劑。調查後證實殺菌劑含有聚六亞甲基胍鹽酸鹽（PHMG）成分。雖然真相大白，令大家十分錯愕的是企業明知產品會危害健康，卻為利益持續大量生產，更可惡的是政府更還批准產品上市，讓消費者情何以堪。

有受害人的父親表示在 2005 年次女出生後，因受到廣告吸引，購入此產品並使用之，結果女兒未滿周歲便罹患鼻炎、咽炎、支氣管炎和肺炎等呼吸道疾病，而長女惠琳免疫力衰退，患上鼻竇炎、結膜炎和扁桃腺炎外，更有嚴重的脫髮問題，平日只能戴假髮上學，類似這樣的受害人要終生受害。韓國蔚山環境研究院痛批並主張：「加溼器殺菌劑慘案是涵蓋國內外最惡劣的環境保健慘案，如果利潔時和愛敬是有最起碼良心的企業，就

應該向受害者和國民道歉，無條件接受受害調查並就賠償條件付諸實施。」

據統計，該款加溼器殺菌劑造成超過 100 萬人染上肺部疾病，更導致 2 萬多人死亡，然而，直接或間接參與該產品生產的負責人與大企業，居然都只受到輕微責罰，政府也未給予受害者應有的道歉和補償，持續受到眾多消費者的抗議。不過，據 2020 年最新的調查結果顯示，事件導致的死亡人數被嚴重低估，實際上，可能的死亡人數逾 1.4 萬人，並且造成約 67 萬人的健康受到程度不等的損害。

至今，受害者官司仍在持續進行，但根據資料顯示兩個主要相關企業「利潔時」與「愛敬」反而想讓調整案流產，最後，英國利潔時公司承認出售導致韓國人死亡的加濕器殺菌劑，利潔時被認為是導致死亡事件的數家公司中的一家。

雖然，我們無法回到當時的受害現場體驗和了解過程，但從電影中可看見受害者的情境及家屬的傷痛、企業與政府官官相護、互踢皮球的場面真實上演，都會深覺痛心。

目前，加溼器殺菌劑毒害事件的受害者，自 2011 年

開始抗戰至今已經歷 12 年之久，期間受害、死亡的人數持續增加，雖然總統親自公開致歉，但有何實質用處？受害者們仍然在等待社會還給他們應有的公平正義和對待。

另一方面，現在消費者對於日常用品的選擇會加倍重視，並不再視大企業的產品為安全保障，而有良心的企業對於產品會持續把關，讓產品經過各式檢測，消費者意識不斷抬頭，好的企業也獲得消費者肯定才是好的循環。

期望透過真實不幸的故事所改編的電影呈現來警示民眾，如果忘記並抹去這個傷痛，或許下個犧牲者就將會是自己，與其說這是描述受害者的作品，不如說是大家應該站出來保護未來的後代子孫，像這樣社會事件不要被世人所遺忘，讓受害者們不再孤軍奮戰，更須銘記這樣的悲劇不再發生。

8.永不妥協——美國欣克利地下水污染事件

前言：

　　隨著科技發展日新月異，人類生活更加便利舒適，不斷發展的新穎科技產品巧妙維繫著人與人之間，這就是現代生活。

　　但，人類在進步過程所製造出來的眾多污染，讓地球環境逐漸發生無言的抗議，無論是變好或變壞，都將會與大家未來生活共存，甚至影響生活日常。舉例來說，像是在書中案例有提到，美國來臺設廠的桃園知名外商-

美國無線電公司（RCA）刻意把致癌物流放至當地的地下水，但企業深知污水會危害人民的健康，無良的是故意選擇隱瞞，罔顧員工和工廠周邊居民的性命和安全，並造成臺灣土地的永久傷害。

類似這樣的案例，發生在美國欣克利地下水污染事件與臺灣的 RCA 污染案雷同，都在於大企業非法排放有毒物質造成當地土地和居民的重大傷害，過程反映出小老百姓的困境，不僅很難和大財團鬥法，如果要抗議更別說可能會被反噬和攻擊，往往只能接受被污染和危害身體的事實。

但隨著人民權益本應受重視及環境應該被友善對待，所謂時候未到、不是不報，只要時機到來，就會上演小蝦米對抗大鯨魚戲碼，現代民眾和政府單位對環保意識的抬頭，很多污染事件將被重新檢視和檢討。

以美國欣克利地下水污染事件，即是得到正義的賠償和對待，可見只要受害者團結並循正道，「團結力量大」得以實現正義，也不會被惡劣的集團得逞，此案雖然發生時間久遠，但卻是全美環境汙染賠償最高額的案例，不僅能夠砥礪人心，並為美國團訟成功之範例。

這類大型污染事件受害者一開始通常只能接受、莫

可奈何，等到發現問題時已經換來罹病、死亡，難以舉證或根本沒有發言權，只要有人出面作證就會被對方用各種方式讓他們噤聲，再者政府有些單位會編出種種理由，盡可能希望大事化小，小事化無，最後，小範圍內把問題默默處理掉。

最近，有關水污染在這幾年越來越嚴重，資本主義中多數會選擇視而不見，還是把企業營利擺第一，以美國欣克利地下水污染事件為例，事件過程不可能重新呈現給大眾，但透過真實故事改編拍攝的電影「永不妥協」劇中一幕幕的對話讓人印象深刻。

劇中一幕女主角與資方的律師開會時，當對方表示沒有污染事件並拿起水杯要喝水時，女主角說：「告訴你們，這杯水是來自被你們污染過的地下水。」資方代表聽到竟直接放下水杯，不敢喝下已被自家企業污染過土地的水，並顧左右而言他。

對於某些企業而言，賺錢可以賺到連別人性命都不放在眼裡，有的企業利益龐大，對應在上下游關係的盤根錯節也能夠脫身，這樣對嗎？從臺灣和美國這兩起大片土地的污染案例來看，只能說無良企業對於與自己無關的人命都不當是命，不只如此，有的無良官方機構也

試圖阻擋真相的揭發，要不是事情發展到足夠嚴重而被重視，不然這些事件只會被掩蓋在歷史洪流之中。最後，雖然司法還了受害者公道，對於那些撐不到正義到來的受害者，只願在天之靈祝福還能活著的人。

　　這兩個事件雖然各自發生在臺、美，當這些受害者等到正義伸張之時，病入膏肓的受害者卻沒時間感受喜悅，對這些人來說，多少錢的結果有用嗎？這些受害人有即將安享晚年的老年人、有的是雄心壯志正要闖出社會的青壯年、也有剛準備體驗世界的孩童，於他們而言人生的一切都停留在那場污染的厭惡和受害折磨中，加害企業能體會他們的人生嗎？能還給他們再生的機會嗎？

　　未來，建議我們民眾要多多宣導有擔當與對環境友善的企業，努力創造正能量的美好進步社會，打造宜居的環境才是整個世界進步的基礎，也為我們下一代子孫全力抵擋因企業只求利益發展而惡化生存環境。

美國欣克利地下水污染事件

　　2000 年美國知名影星茱莉亞‧羅勃茲主演的電影「永不妥協（Erin Brockovich）」，故事內容改編自真實故事，上演後震驚世界，這是起發生在美國的重大污染事

件，在過程中主角克服重重困難後，最終獲得勝訴，情節如同臺灣版的 RCA 案件。

　　永不妥協的電影內容，主要是訴說關於一位單親媽媽艾琳與美國西岸電力公司巨擘太平洋煤氣電力公司（PG&E）的法律訴訟案件，大家都想像不到在美國，知名的大財團居然渺視人命，做出大型污染土地事件，深深危害當地居民的生命，最後大家不得不遷移，逐漸讓小鎮荒廢，這場浩劫毀掉一個城鎮的發展，這就是前車之鑑。

【以下引述自維基百科】

　　此故事的女主角艾琳是帶有 3 個孩子的單親媽媽，正面臨失業危機等問題，所以要求她的律師愛德華·麥斯里讓她在律師事務所工作以補償官司損失，愛德華給艾琳一份檔案管理員的工作。

　　某日，艾琳無意間看到幾件牽扯房地產和醫療保險的案件，她燃起正義之心，開始鑽研這幾份訴訟案件，要求愛德華讓她深入調查，經過調查後她發現辛克利小鎮水質受到六價鉻重金屬離子污染，嚴重威脅區民生命健康，但卻受到刻意隱瞞。

電影所有的事件與轉折，都是數百名受害者的真實寫照，記得當艾琳和律師愛德華與該企業高層和律師開會，當公司高層拿起水杯要喝水時，艾琳告知這杯水是來自辛克利小鎮，對方馬上把水杯放下來，臉上表情充滿怪異，多麼諷刺的場景。

　　此事件起因是太平洋天然氣與電力公司在亞利桑那州托波克和欣克利建造最初的兩個壓縮機站，該系統成為其跨加州的天然氣輸送系統，在托波克和欣克利壓縮機站裡，六價鉻添加劑被用作冷卻塔的防銹劑。然後，在 1952 年至 1966 年期間，約有 3.7 億加侖（約 14 億公升）的含鉻廢水，它是可遺傳的毒性致癌物，被倒入加利福尼亞州欣克利鎮周圍無襯裡的廢水池中，直接讓大面積的土地被污染。

　　1966 年公司的備忘錄證明該公司總部知道水被六價鉻污染，卻沒做任何改善，就是 PG&E 因便宜行事而未作防漏工程，直接讓土壤、地下水受到污染，形成一個長約 2 英里、寬近 1 英里的污染帶，更下令辛克利廠的人員保守此污染秘密。

　　經過艾琳長時間和受害居民溝通和協調，過程受到重重阻礙和壓力，最終的正義來自於法官做出正確的判

決，命令 PG&E 支付 3 億 3 千 3 百萬美元賠償金給辛克利小鎮的居民。對企業來說城鎮被廢棄沒關係，人命損傷更不是重點，賺錢才是理所當然，最重要的是，造成污染的當事者和負責人，都不住在那裡，也是他們敢肆無忌憚的原因。

　　一般污染事件的結局是，受污染的受害民眾病的病、死的死，受害者與企業財閥的抗衡，往往多是螳臂擋車，沒能逃出去的人繼續受害等死。但我們不能讓這種事情再發生，生活品質和人生性命安全，不應該受到大企業發展而受迫害，

　　地球只有一個，當企業在危害環境的同時，要知道其實是在加害自己，大家都躲不過氣候和環境的反撲。

訴訟判決結果
【以下引述自維基百科】

　　這起案件的欣克利角居民對 PG&E 提起訴訟，案件提交仲裁，600 多人損失達 4 億美元，在前 40 人獲得約 1.2 億美元的仲裁結果後，PG&E 重新評估自己的立場，決定結束仲裁並解決此案，於 1996 年以 3.33 億美元和解，成為當時美國歷史上規模最大的集體訴訟和解案。

通常這類大型污染事件都不會得到應有的賠償，因為受害者的健康和生活品質都無法回到從前，不可逆的傷害已經造成，期望隨著環保意識抬頭及人權受到重視，加上團訟愈來愈成熟，法條也更加保障人民權益，面對不公平的事情，民眾更要勇敢站出來爭取自我權益，下架無良企業，以免禍害千年。

9.李長榮化工高雄氣爆案

（又稱高雄石化氣爆事件、731氣爆事件）

前言：

「轟！轟！」多聲巨響此起彼落劃破寧靜的黑夜，此時原本應該是大家處於睡眠的夢鄉中，但在李長榮化工氣爆案現場的高雄市前鎮區與苓雅區卻是充斥著驚嚇哭喊與尖叫，本來街景已被炸毀不復存在，在眾人眼前的是火光沖天、殘破不堪的家園讓現場受害者懷疑，這是在做夢嗎？

「快跑啊！」、「救命啊！」、「人在那裡？出來了沒有？」事發地點圍繞著叫喊，大家努力逃離烈火和殘破的建物，這是當時現場所有受害者忘不掉、也最痛心的一晚。

　　「你有沒有聽到什麼聲音？」，就那麼巧那天我與朋友們出遊到高雄，離爆炸地點雖有段距離，但仍感覺到建築物的震盪與遠處傳來的聲響，我驚醒後叫起大家詢問有沒有覺得怪怪的，「你想多了吧。」朋友們因白天玩累昏睡都懶得理我，我當下也不敢多想，就沉沉繼續睡去。

　　到了早晨，大家在整理行李之餘，順手打開電視看看新聞，大家不約而同的陷入沉默，因為昨晚我的驚醒時刻「真的是有大事發生」，而我們何其幸運沒有被波及。

　　當下想到住在高雄的朋友，立馬打電話給他，想確認他是否有受到傷害，幸運的是他並沒有受到傷害，只是他的住宅離氣爆現場不遠，當天晚上他從家裡窗外看到火光和聽著轟轟巨響，如同世界末日的心情煎熬到早上，一夜都不敢睡，也不知道如何是好，深怕下一刻爆炸就波及到自家。

然而，他表示說他有位朋友是住在那區的受害者，好險只受些輕傷，雖然我這位朋友完全沒有受到傷害，但他很害怕再經歷那樣的夜晚，更擔心會不會有天發生在自己家園，這晚成了他一生的夢靨。

在外圍經歷的人都有如此巨大的心理壓力，更不用說災區內有些受害者的身體受到傷害，還要承擔後續更多的心理痛苦，生活大半輩子的家園忽然就這樣煙消雲散，殘缺不全，加上有親朋好友在這場災難中不幸遇難，都是人生極大創傷。

除了心理創傷，失去的事物要找誰賠償和修復？所幸，此次重大公安意外，肇事的李長榮化工馬上做出不一樣的危機處理，雖然此事是件重大不幸的公安事件，卻可以給其它面臨類似事件的企業，不同處理方式的參考與省思。

對於李長榮化工的後續處理，沒有看到傲慢企業在此案展開任何脫責，令人意外的是，李長榮化工董事長李謀偉在第一時間即表達賠償之意，甚至走在司法程序的判決之前，讓傷者的治療費用先有著落，協助眾多傷者把握治療的黃金時間，讓受害者不必在承受災害帶來的傷痛之同時，還要擔心醫療費用，或者在司法程序之

中重複回憶起痛苦內容。

受害者在企業和各界以及當時高雄市政府的協助下快速復原重生，大家努力回歸原本正常的生活。

如果李長榮化工一開始就採取不斷推脫和攻防，那這些傷亡者現在可能還在飽受身心靈的痛苦，社會也會因此更擔心與恐懼，一個無良的企業在面對公安危機的態度，正能反應此企業主的待人接物會有多真誠？

這起不幸事件，李長榮化工一開始即公開表達的致歉態度，深感對罹難者們愧疚，表示無法逆轉發生的悲痛，努力將當下能做到最好，給予所有需要幫助的受害者最大協助。記得李謀偉董事長曾說過：「不去計較誰對誰錯，先去照顧受難的人」，即便他知道拿錢出來也會招來非議，有些人認為是以錢堵事，但他清楚是唯一能為受害者先做的事情，甚至這些錢不是以企業的名義出資，而是他個人財產。

這樣的誠意的確打動很多受害者家屬，開始出現聲援這位董事長的聲音，並且受害者及其家屬們也願意與其達成和解，算是圓滿。

李謀偉在氣爆發生後 5 個月，2014 年 12 月他被依過失致死罪起訴，他曾表示甚至做好了要坐牢的心理準

備：他認為造成 32 位罹難者，還有所有輕重傷的人們，他最大的遺憾。

其實，在氣爆案發生後，他很心急地要對受害者提供財務支持，但身邊人奉勸「拿錢出來不就承認過失了嗎？」李謀偉表示：「不管有沒有錯，高雄是我們的家，而且整個受傷了，再怎麼苦也不會比這些災民苦。」所以他自掏腰包先行救助。在獲得董事會通過，榮化迅速和受難者家屬展開和解程序。

這個事件值得我們重複省思，一個企業或負責人他的態度及作為，將決定眾人的支持程度和企業的社會責任，倘若倚仗自己是大財團的身分，透過各路關係粉飾太平，只會卸責而沒有擔當，連個補償都不願意拿出來，只會讓人鄙夷。

的確，李長榮化工高雄氣爆案是發生在高雄的一起重大不幸氣爆事件，不僅造成多人死傷，有段時間當地居民無不人心惶惶，擔心受怕居住環境隨時有意外發生，各界輿論很快把氣爆原因歸給「李長榮化工」。

後來經調查發現其責任歸屬不只有一方，共有高雄市政府、李長榮化工、華運倉儲，但經過商討及李長榮企業主的快速決策，馬上由李長榮化工代表先行賠償受

害者金額，這是令受害者及家人在受到身心上的折磨痛苦之餘，實質給予最大的幫助和安心，免於冗長繁瑣的訴訟，讓受害者還要面對法律程序的折磨。

　　事後李長榮化工企業亦繼續協助氣爆案受害者，其用心的態度讓部分受害者降低對此事件的痛恨，畢竟此事件造成他們人生的重創，李長榮化工企業面對如此巨大的公安事件，其危機處理的態度和心意令人稍感暖心，延續至今，仍還在用心照顧這些傷者，任誰都不願意發生公安事件，但此企業願意付出和關懷，是提供予目前尚在團訟的無良企業們一個不同的處理方式，值得透過這起案件自我省思。

　　企業在經營獲利時也要做到令人尊敬，不要一遇到危機事件，拿不出實質補償和心意，只會擺爛卸責。當然，李長榮化工高雄氣爆案判決結果有人私語，「唉，這個案子還不是靠錢來擺平，有錢萬萬都能。」但，現在網路訊息如此發達，建議大家可以去尋找相關資訊和法律知識，看看此案件判決是否合理，及李長榮化工有沒有為受害者用心付出。

　　人命價值和受傷的身心損失不能用金錢量化，但有沒有企業主願意做，有沒有做到受害人受到照顧和關懷

才是重點，也經由此事的警惕，讓高雄市政府及各相關單位與產業，對於重大建設的公安要求更加嚴謹，以免在未來造成更大的不幸事件。

李長榮化工高雄氣爆案：

【以下引述自維基百科】

李長榮化工高雄氣爆事故發生在 2014 年 7 月 31 日晚間 11 點後至 8 月 1 日凌晨之間，在高雄市前鎮區與苓雅區的開始多起地區氣爆事件。

當時，從 7 月 31 日晚上差不多 11 點在高雄第一聲氣爆巨響劃破天空，三多路、凱旋路、一心路等馬路突然炸開，驚醒大半居住的高雄人，許多民眾哭喊逃命，現場被轟炸得慘不忍睹，但還是搞不清楚到底發生什麼事情，等到確認事發原因後，已造成 32 人死亡、321 人受傷，頓時改變許多人的命運，是臺灣史上最嚴重的石化災害公安事件。

【以下引述自維基百科】

在 8 月 1 日凌晨 2 時各相關單位不停的緊急處理，爆炸告一段落，總計氣爆事故波及的範圍達 6 公里，其中約有 4 公里的市區道路被摧毀。據了解，事發時前鎮區與苓雅區的民眾聞到疑似瓦斯洩漏的味道，就在幾個

小時後，疑似瓦斯洩漏區域開始發生連環爆炸。

此氣爆造成高雄三多一路、三多二路、凱旋三路、一心一路等多條重要道路嚴重損毀，周邊店家也因爆炸破壞而造成無法營業，經濟損失甚鉅，當時高雄居民有段時間無不人心惶惶，深怕某天、某個時段，換成自家或周邊發生同樣的氣爆事情。

而媒體和各界在凌晨很快把氣爆原因歸咎給「李長榮化工」，事後經各單位緊急追查，調查認定為李長榮化工四吋丙烯管線遭不當包覆於排水箱涵內，致管壁由外向內腐蝕，逐漸變薄，進而無法負荷輸送管內壓力而破損，導致運送中的化工原料之液態丙烯外洩引起連環爆炸，造成這一起不幸案件。

氣爆後李謀偉持續接觸災民，相信「誠意才能和解，只有錢是不夠的。」他表示曾被家屬丟過寶特瓶，但他深知失去家人及受傷者的心情，就算遇到什麼狀況也要去面對。之後，李謀偉成立「高雄市關懷氣爆受難者社會福利基金會」，盡量幫助受難者走出傷痛並持續照顧受害者，的確有不少傷者受到該基金會的幫助，走出人生另外一條路。

判決結果與團訟結果：

【以下引述自維基百科】

　　此經臺灣高雄地方法院檢察署偵結，起訴分屬高雄市政府、華運公司與李長榮化工計 12 人。此案責任牽涉包括高雄市政府、李長榮化工、華運倉儲等單位，經由三方快速協議，由李長榮化工出面，決議墊付 32 名罹難者的賠償金額每人 1,200 萬元，待法律判決確定後，再由高雄市府、榮化、華運共同負擔或有責任方依照法律判決比例分擔。

　　此不幸公安事故涉及多方責任歸屬，但在李長榮化工願意先付出實質的金錢及誠意致歉，算是一個願意負責任的企業。並在 2015 年 11 月 18 日與 32 名罹難者家屬全數達成和解，於高雄地方法院完成公證，可說是相當快速判決的一個團訟賠償案件。

　　2018 年民事賠償官司宣判，高雄市政府、榮化及華運分別應負起 40%、30%、30% 的賠償責任，而李長榮化工與華運公司等機構，因未違反注意義務，不構成刑法過失責任，均判無罪。 2021 年 9 月 15 日高雄氣爆案三審，最高法院駁回二審上訴，全案定讞，團訟結果，此案件的受害者全數和解。

10. 臺中廣三 SOGO 百貨男童滑倒事件

　　此事件是發生在臺中市廣三崇光百貨，一名 11 歲李姓男童與父母前往 16 樓餐廳用餐，因踩到餐廳外一灘水滑倒，頭部當場撞擊到地板，經治療多年來仍出現眩暈、平衡感失調等後遺症。李父憤而提告，因百貨公司未提供安全環境，違反消費者保護法，法院判決餐廳和百貨公司須各賠償 44 萬餘元。

前言：

　　放眼望去，各家百貨賣場在市場的激烈競爭中，無

不使出各式花招與創意活動，並打造光鮮亮麗和舒適場域，其目的就是要吸引消費者前來商場購買產品。

所以，走進百貨公司或各式賣場，總會充斥此起彼落的討論「剛剛那家餐廳真好吃！」、「今天我最愛的品牌服飾有打折，趕快去看看。」、「我們去試用新上架的韓系化妝品，最近網路評價這家不錯呢！」、「今天鞋子有特價，有我想要的款式，快去試穿一下！」、「歡迎光臨！需要找什麼款式或尺寸呢？」，在賣場裡都顯得熱鬧非凡。

有次，我和朋友相約某百貨賣場，說到底是要搶購特價商品，我們先在美食街吃點東西才有續航力認真血拼，但走在美食街時，沒注意到地板濕滑的我差點滑倒，要不是我及時維持平衡，加上朋友在旁攙扶，我肯定會跌倒，更危險的是，如果跌倒傷到腦部或摔斷手腳，豈不是很倒楣。

試想，倘若今天是老人或小孩踩到溼滑地板，老人的反應能力可能會慢半拍，加上老人骨頭十分脆弱，一跌倒會造成無法挽回的傷害；而小孩行動能力正旺盛，跑來跑去的衝力造成跌倒，後果亦不堪設想，小孩骨頭還未發育完全，一個不預期的跌倒也會造成不可逆的

傷害。

　由於我差點在這家百貨公司滑倒的經驗，心想他們並不怎麼注重顧客的權益與安全，我和朋友決定以後不再光顧，免得造成不必要的意外，這些公安小事在經營者眼裡可能算是芝麻小事，但對於消費者而言可真是大事。

　以案例來說，「臺中某百貨公司因為地板濕滑，導致幼童摔倒腦震盪，百貨公司安全問題成為注目焦點。」，此案的不幸受害者是個幼童，他因為踩到濕滑地板而滑倒，頭部當場撞擊到地板，後來陸續出現身體平衡失調及暈眩症狀。

　然而，不論是百貨公司本身或承租餐廳所造成地板濕滑，傷害已經造成，最令人厭惡的是出租方的說詞是：「我們只是出租場地給承租方，但不負責承租方任何經營的責任和事故。」

　回歸到承租、出租規範，廠商入駐還有場地設計決策都是出租方決定，因此理當要為決策負責，我想法院也是秉持這樣想法，此次判決認定不只是承租方要負責，出租方也要連帶賠償。

　此案是正確和公平的法律判決，法院對於出租方並

未偏袒同時給予懲罰，千萬不要輕易讓有錢、有權的企業逍遙法外，禍害無辜受害者。

臺中廣三 SOGO 百貨：

臺中廣三 SOGO 百貨想必是很多民眾時常光臨的知名百貨公司，但是，如果消費者進到各家知名百貨公司吃頓飯或逛街，都會發生公共安全事件，那麼「顧客至上」的意義何在？

此案例事發在 2014 年 8 月，李姓男童與父母到廣三崇光百貨，到了晚餐時間到 16 樓餐廳用餐，男童在踩踏餐廳門外手扶梯前面的水漬，由於地板溼滑導致重心不穩跌倒傷及頭部，所幸沒有危及生命，但後續仍有眩暈並平衡失調，導致持續就醫治療。

此案的責任歸屬在於誰？當消費者去到任何的賣場或百貨公司還要思考公安問題時，代表這些消費者權益已被嚴重忽視。

如果，換成是你、我到賣場的餐廳用餐，因他們一時的疏忽危害到消費者跌倒受傷，都是令人感到不愉快的經驗，除了餐廳有過失，難道出租給餐廳的賣場都沒有連帶責任嗎？事發後，出租方僅表示：「我們只是出租場地給承租方，但不負責承租方任何經營的責任和事

故。」

　　此案例的法官明確判決出租方要負責，理由在於廣三百貨提供服務和品牌行銷吸引消費者前來，本應有防範危險發生的義務，此案未提供應注意義務或排除場域危險，直接與男童跌倒有因果關係，確實已違反消費者保護法，應負賠償連帶責任，這是臺灣消費者保護邁向更完善的判決案例。

11.微風廣場火鍋電磁爐事件

　　您能想像在餐廳享受美食之餘，還要隨時擔心店家發生各種安全問題，嚴重時造成個人傷亡，那您還吃的下去嗎？

前言：

　　大家在生活或工作中總是充滿各種挑戰和壓力，我也是一樣，所以有時抽空到百貨公司逛街購物是我緩和心情的最好方式，如能吃頓美食犒賞自己更是完美，也樂於和跟家人和朋友推薦。

我問嫂嫂：「昨天你們去吃我推薦的那家火鍋，好吃嗎？」嫂嫂說：「正要告訴你，真的頗好吃，但吃完後每個人的腿都被熱風吹得熱熱的，其它人是沒怎麼樣，但媽媽的腿紅得比較嚴重，後來我們才想到應該是火鍋電磁爐吹出來的熱風關係。」

母親也是在吃完後覺得腿熱熱紅紅的，因為她年紀大吃飯比較慢，她要已經吃完的人去逛逛，等她吃完再打電話請嫂子回來接她，也可能老人家知覺比較弱，後來才發現腿熱熱紅紅的，事後對她來說這樣的體驗簡直太驚嚇，我聽到後心中覺得自責，可能我自己那天在火鍋店吃得很快，沒有注意到電磁爐造成的影響。

有了這次經驗之後，每次在選擇聚餐場所時，會更加關注餐廳各種設置，如果吃到有意外或莫名受傷豈不是很冤枉。

後來，我看到那家火鍋店上了新聞，就是因為火鍋電磁爐熱風的關係，或許很多人對這件案子沒有太多感受，甚至有些人認為為了精品包受熱風損毀而提出告訴，會不會太小題大作，浪費社會資源了？還是貪小便宜想換個新包包？

但我認為，什麼精品包和多少賠償金額根本不重要，

重點是這個疏失帶來消費者的困擾和驚嚇，這家火鍋店的熱風如果長時間烘烤，是否會因此受到更多不同的傷害？

而幸運的是，此次發生的只是包包被熱風烘出狀況，未來是否有可能因為高溫而引起其他易燃物燃燒，最後釀成更巨大的人命傷亡災害？不得而知。

然而，事發後企業只關心自己能不能卸責，百貨業者以自己是出租方而不認為有任何的過失，應該由店家進行賠償。最終，在法官的明鑑，這件案子判定百貨公司是有連帶賠償責任的，消費者也應經由此案件多點注意與小心，保護自己也是保護他人。

微風廣場火鍋電磁爐案例：

此案例引起糾紛的不是餐廳食物問題、也不是環境舒不舒服，而是爆雷在火鍋店的電磁爐設計鏤空架設，從中吹出的熱風因為沒有遮蔽，這樣居然會引發糾紛？

在 2016 年 9 月 23 日有名女子前往微風廣場復興店，地下一樓美食街內的知名鐵板燒火鍋櫃位用餐。由於店內加熱的電磁爐採鏤空架設，吹出熱風沒有遮蔽，造成他放置在座椅的精品小羊皮名牌包在持續高溫烘烤至變形？

很難想像，居然在吃完火鍋後，此知名國際名牌包著名的軟羊皮變成烤焦的硬羊皮，消費者認為有侵害到權益並覺得用餐環境有安全上的疑慮，因而造成消費糾紛。

雖然事後還是有人調侃，又不是消費者本身被烤受傷？又沒吃壞肚子，只不過是個包包變形就要賠償？會不會是奧客行徑？但卻忘記設想，當今天換作是自己經歷這些，心情又會是如何呢？

很多火鍋店都使用電磁爐，如果一旦高溫熱風的烘烤、過熱到包包都可以變形，那如果那天用餐時間更長，到了某個燃點加上包包裡有可燃物，請問會不會發生火災或爆炸？如果當時用餐的人閃避不及，或有布料等易燃物品，是否會造成更大的傷害及導致其他人受傷？

此案例來說，營業場所為國內知名百貨公司，向來在各大傳媒宣傳環境精心設計、品味優雅非凡，不就是期望吸引消費者來此消費，一旦消費者出了安全問題，賣場本身都不需要有任何對消費者安全負責的責任嗎？賣場需要打造安全安心的環境來保障消費者的權益，是各大賣場或集團應負的基本責任。

當然，幾乎所有賣場出事的「SOP」，就是主張「單

純出租場地」，依據微風廣場簽訂「微風美饌設店契約書」的第四條第五項、第五條第三項約定，該店的環境安全必須要由被告光士公司負責，與共同被告微風廣場無關，原告請求賠償，是沒有依據的言詞抗辯。

在糾紛發生後，該女子與微風廣場顧客服務課副課長與特助等人在現場進行實地重測，測試後確認被告大腿明顯發紅，加上原告提出狀況回報表、溫度實測照片、受傷照片及當天現場對話錄音等，因此，皮包受到電磁爐排出熱風而受損並非說謊。

法官指出，消費者進入企業經營者的服務空間或其附屬設施，基於保護消費者權益，都應提供合理的安全性，消費者在進入被告微風公司即為消保法所稱的「企業經營者」，必須對於購買商品或服務之空間及附屬設施確保其安全性。

消費者無從得知雙方租賃時，事前應制定相關安全規範，不能做為微風廣場的免責依據，何況微風廣場為國內知名百貨，此火鍋店的空間為百貨公司的一部分且在微風廣場的監督內，即為屬於「消費者保護法」第七條規定，規範企業經營者所提供的服務。

法院審理後，即被告微風廣場和承租櫃位火鍋店未

能符合安全標準，事前也沒有提醒顧客注意熱氣，或是提供皮包罩套等防損設施，應依照消保法第 7 條或是民法第 184 條第 1 項規定，應付起侵權行為損害賠償責任。因此判微風與火鍋店應連帶賠償 7 萬 2000 餘元。

要強調的是，此判決不在於金錢多少，而是提醒各餐廳或賣場，也要注重看似不經意的小細節，免得小事變大事，後果不堪設想。賣場的各櫃位如果把公共安全變成企業社會責任，那對於企業品牌肯定連帶加分，才是最佳企業典範和成功的經營者代表。

12. 漢神巨蛋購物廣場──湯姆熊歡樂世界事件

　　近年來，各式大型賣場設置室內遊樂場愈來愈多，也吸引很多民眾進場玩樂，面對很多機器的維護和安全性，店家是否有定期檢查以符合消費者的安全需求？值得各位店家換位思考，以免造成民眾的不幸傷害，亦造成店家巨大損失。

前言：

　　以此案例而言，湯姆熊歡樂世界是不少人成長過程中的回憶，「哇！帥啦！」、「你可以贏過我嗎？」、「好屬

害喔！」、「我們快去搶佔那臺遊戲機，快點！」

　　在這裡總是有各式各樣的呼喊聲、加油聲、歡笑聲不絕於耳，在湯姆熊裡的大、小朋友頓時回到最純真的赤子之心玩著各種遊戲。直到現在，不論是大人或小孩在閒暇之餘，偶爾還是會去玩玩這裡多樣遊戲機，包括我在內。

　　有天我跟好久不見的侄子吃飯，「你這裡怎麼了！」當時我看到侄子腿上瘀青問他，他說假期與朋友去高雄玩，但當天下雨，大家決定到漢神百貨的湯姆熊去玩。

　　但湯姆熊那天的人潮很多，大家在找或搶遊戲機時難免跑來跑去，稍微推擠很容易撞到機械凸出來的邊角地方，而他便是在看朋友玩的時候被後面的人突然推擠，他的腿撞到機械邊角，還好力道不是很大，對方見狀馬上向他道歉表示不是故意的，但已造成侄子腿上大片瘀青。

　　這讓我想起，有件新聞事件就發生在湯姆熊場域，事發的經過就是有位小朋友因為另一位小朋友在湯姆熊場域之中橫衝亂跑，導致前一位小朋友膝蓋撞到機器的凸起而受傷，也因此事故可能導致關節錯位而造成永久傷害。

然而發生意外事故時，經營漢神的崇神企業公告一段語句：「這件事情屬於店家個別疏失，本企業為出租方，只提供場地而已！」

所幸，此案法官提出明鑑的判決，法律不站在所謂「只提供場地」字句，除了店家並未在最初將尖角作適當防護措施，連提供場地的崇神企業應當也需要連帶賠償。

法院認為：「雖然是出租方，但也要負責。」出租方負責本來就合理，它是經營這場地的負責人，而且出租方崇神企業的宗旨表明為創造舒適的環境吸引消費者前來，要出租給誰來服務消費者是崇神企業決定，因此應起負責。

家長帶小朋友出遊是開心時光，但如果碰到不安全的場所造成小孩受傷，家長定會難過自責，小朋友如果因此受到身心折磨才是真正噩夢的開始。特別是類似這樣的綜合型娛樂場域，更應該從小朋友角度考量安全問題和強化防護，由於現代社會的父母對於小孩的寵愛，費用已不在父母親考量條件，因此企業應更加重視安全經營道德。

身處在網路資訊發達的時代，店家一旦有什麼狀況，馬上就會被網友們負評灌爆，導致企業無法經營而關門

的案例不是沒有，所以經營者千萬不要存著僥倖心態。

　　這件案子的判決也讓大家再次確認，一旦發生不幸的公安意外，出租方負責是必要的，雖然還是有不少出租方在出事後推脫、卸責，希望不久的將來，不公平的案件能夠等到最後正義的到來。

漢神巨蛋購物廣場──湯姆熊歡樂世界事件

　　成立於 1982 年的湯姆熊歡樂世界（Tom's World），在全臺百貨公司都設有據點，是臺灣頗具知名度的親子育樂遊戲場所。

　　此消費糾紛案例發生於 2009 年 9 月 13 日，地點位於高雄市左營區漢神巨蛋內的湯姆熊歡樂世界，此賣場的崇神開發為「漢神巨蛋購物廣場」經營者，將購物廣場的五樓場地租給「湯姆熊歡樂世界」加盟店。

　　當天，有位九歲的唐姓兒童在「湯姆熊歡樂世界」的「跳躍高手」跳繩機旁，觀看一位女孩在使用該機器，此時，卻被另一名奔跑的卓姓三歲兒童撞擊跌倒，不幸的是唐姓兒童因而左膝蓋撞到「跳躍高手」跳繩機踏板右下角鐵質尖銳處，因而造成左髕骨脫位傷害。再者，相關業者並沒有在場域內貼上禁止奔跑等警語標示，加上人員有限未能即時管理，也沒在該機器的尖銳處做防

護措施或警告標示，在觀察後發現，其實不僅是小孩，連大人都有可能因此而受傷。

　　唐姓兒童家屬控告湯姆熊歡樂世界、跳繩機業者、卓姓兒童家長等多名被告，要求賠償醫療、精神慰撫金等共新臺幣二百多萬元。事發後，出租方崇神開發如同其他案例的業者強調他們只「出租場地」給廠商使用，應不用負擔責任，但經由法院判決後表示，崇神開發必須要負責連帶責任，因此湯姆熊公司、漢神百貨被判連帶賠償 72 萬元，推倒唐姓兒童的男童家長賠償 20 萬元，總計賠償新臺幣 92 萬元。

　　此案例的唐姓小朋友受傷後，經醫師診斷未來容易有習慣性髕骨脫臼發生，需要進一步手術，但由於年紀還小生長板尚未癒合，最佳狀態是待其生長板癒合後再行評估，需要再一次開刀，但期間須持續復健治療。

　　此事對一個小朋友心理創傷和恐懼卻是難以平復，而且小朋友在受傷後更因為腳的疼痛會在半夜驚醒，最後只能在父母陪同之下，求助精神科醫師的醫治，家人們需要承受如此長期復健過程和未來不可預知的發展，更重要的是，日後開刀也難保未來行動自如，種種心理壓力十分沈重。

出租場地業者主張是將房屋「出租」場地給遊戲業者自行運用，並沒有參與營運行為和場地規劃，所有的營業事項和所發生事件，應要由該業者獨自負責，均與被告崇神開發公司無關。

　　此案在法院明智審理後認為，由於崇神開發出租給「漢神巨蛋購物廣場」賣場，不但要提供消費者多樣化商品的選擇，吸引顧客前來消費和使用，但更要確保提供商品的品質和安全，所以判定是不符合消費者保護法明定的「當科技或專業水準可合理期待之安全性」，應負起損害賠償而不是推脫問題，更不符合消費者來到此場域消費後受傷被對待的態度。

　　經此案例期望讓更多經營者得知，出租方都宣稱只租不負責任，把責任推給租客是不對的，而是要負連帶責任，大家要用心把場所經營完善，才能永續經營，消費者要的是安全快樂的休閒場所，不是意外發生事後的賠償金額或導致身心受到傷害。

13. 「亞力山大」健身俱樂部團體訴訟案件

在 111 年 2 月 17 日是一個歷史性紀念日，7 位消基會義務律師奮戰 14 年，終於打贏亞力山大案，真是解說了「壓力山大」以及所謂「遲來正義」！

亞力山大案經過 14 年的團訟，過程中消費者有人接受和解、放棄請求權等諸多因素影響，但有效的消費者之請求權仍有 8,564 位，至於向所有被告提出之請求損害賠償金額，共約新臺幣 5 億 8 千萬元餘元（包含懲罰性賠償金），而自起訴時起至本案辯論終結時止開庭總次

數為 66 次，最後，臺北地方法院判亞力山大等公司，共計賠償逾 8 千人約新臺幣 2.56 億元。

綜觀而言，亞力山大實際繳費會員超過 10 萬人，最後只有 1.2 萬人提出團體訴訟，等於有 9 成消費者被排除，但如果是以美國團體訴訟來說，會是先預估團體訴訟的總數為十萬人並預估一定比例的人數再提出訴訟。

希望臺灣未來在面對類似團體訴訟的制度面與法治面問題時，應該全方位站在保障消費者立場，對條文進行全面修改。

前言：

「嘿！你聽說了嗎？最近亞力山大健身房推出會員抽獎活動，可以去試試手氣！」、「我提醒你，那種沒名氣、沒品牌的小型健身房推銷活動千萬不要參加，小家的健身房很危險，很多說倒就倒，我以前就碰過。但像亞力山大這種大型知名健身房促銷活動，就不會有問題。」結果，亞力山大還不是惡性倒閉，為之諷刺。

在一次聚會中，聽到好朋友提及亞力山大健身房近期會員促銷活動，從她興高采烈聽到這種廣播器大放送的訊息，我知道這場好康活動她是參加了。過不久，她告訴我她在亞力山大健身房使用的設備真的很不錯，比

先前她參加的健身房更高級，也認識很多新朋友，在她遊說後，我也決定從原本的小型健身房申請退出，加入亞力山大健身俱樂部。

正當我剛換到亞力山大健身時，還在認識環境的階段，有天無意看到健身房外部貼上重新裝修公告，起初沒多想就以為只是店家裝修很正常，但終究紙包不住火，這家臺灣最大、又知名的亞力山大健身房俱樂部被新聞大幅報導：「惡性倒閉了！」還好我當初付的費用不高，只當做是消費者做冤大頭的付費學習課程，我們一群好朋友把這一課叫做：「大品牌的迷思！」

「怎麼會這樣！我繳的會員費怎麼辦？」、「這麼突然？那為什麼當初他還叫我趕快續約加碼參加抽獎，真的不安好心眼，太過分！」、「這麼有名的企業還會惡性倒閉？廣告是做假的嗎？」

我周邊參加亞力山大健身房朋友後來一起聚會時都十分沮喪，亞力山大突然倒閉讓很多人難以接受，說到底企業用盡不少心思、花不少廣告行銷所打造出來的健身品牌王國，會員人數在臺灣不算少數，一夕之間突然說關就關，讓我們消費者以後要相信什麼是真的誠信企業在營業？還是即將要倒閉的企業在營業？真假難分！

回想當時要加入亞力山大時，工作人員究竟跟我說了什麼已經不怎記得，唯一肯定的是他就是要我趕快付費加入會員，先付一點訂金也可以，沒多久就成為倒閉前的亞力山大冤大頭之一，還好當時沒有被那些推銷人員的話術所吸引購買更多有的沒有的，否則損失更慘重。

　　根據當時亞力山大的網站資料，96 年 11 月 15 日起至 97 年 1 月 20 日止還在推出以單日消費 2 萬元，可抽獎 3 輛日本原裝休旅車之「亞力山大百萬好禮大放送」活動，顯見其企業主不顧財務惡化之事實，仍以促銷方式進行吸金，已構成犯罪條件。

　　我很多朋友損失比較多，他們被工作人員的話術推銷吸引，什麼打折、送獎品樣樣來，不只如此當天只要消費滿二萬元就可以拿抽獎卷，有抽汽車、抽 switch 等等。不少朋友投下費用讓抽到的機率變高，也不斷炫耀他們花錢多阿莎力，加上工作人員想盡辦法要會員多花錢，目的就是希望廣大會員的錢全部都丟進無底洞裡。

　　就在新聞正式報導亞力山大俱樂部宣告無預警的倒閉，大家才意識到自己「被騙」，但從宣佈倒閉後很多資訊中發現，在推廣續約時，經營者財務狀況早已告急，為了彌補企業資金缺口，經營者想出詐騙會員的吸金方

式真的讓人感到無恥，有一陣子我們這群亞力山大「受害者聯盟」相見就挖苦對方：「你被亞力山大騙多少？」

　　再者，我們這一群受害者覺得不能容忍這種惡質企業，想盡方法把錢要回來，更希望能夠揭止這種欺騙會員的不良企業，讓他能夠接受懲罰，大家期望透過消基會的力量一起努力，一定會有所進展；但難免還是有很多人覺得這種事情太麻煩，沒有多少錢又肯定會拖很久，就會想說「算了吧」。

　　我們不是「算了吧」的一群，開始召集受害者會員，喚醒他們投入自我維權的正義抗爭，對方要求什麼、要查什麼，大家就一一拿出證據，受害者不可因為怕麻煩就因此「算了吧」，這不是就中了那些惡質廠商和經營者的如意算盤嗎？

　　我們希望正義能夠得到伸張，而不是白白當成花錢的冤大頭，雖然這件事情從發生後到結案很荒謬的被拖延 14 年之久，不太明白司法單位的工作能力，面對多數且沒有犯罪的受害者，要花如此久的時間才能來終結惡質廠商的罪行？

　　雖然經過了漫長過程，被告終於受到應有的懲罰，總算讓人有爽快的感覺。而就賠償判決來說，對於我們

受害者而言，歷經這麼久的時間，得到的金錢補償沒有任何喜悅的感覺，重要的是消費者能對自己的感受有所交代，證明消費者不是冤大頭，委屈不用再往肚裡吞。

也透過這些事件，確認法律對於消費者保護並非毫無作用，但時間真的太過冗長，然而，我們希望除了法以外，理與情也應是法官考慮的重點，如此一來，就不會有不法業者透過長期拖延來卸責，希望法律能真正給犯錯的人應有的懲罰，而不是縱容這些大企業頂著自以為是的光環「無法無天」。

不得不說，有點知識水準的人都看得懂亞力山大面對團訟時在搞拖延戰術，據資料顯示，亞力山大經營單位根本早知企業營運狀況有問題，也故意在倒閉前再次騙取消費者搾取金錢，實在是可惡至極。

對於當廣大愛上健身房運動的朋友們來說，亞力山大健身俱樂部肯定不陌生，許多消費者從個人以至於全家都是「亞力山大」的會員，在業者從鋪天蓋地的行銷手法加上各種推銷方式，是當時臺灣最大也是分店最多的連鎖健身房品牌，經常邀約各大知名藝人擔任品牌代言人，能見度相當高，讓熱愛運動的消費者歡喜且甘願的加入會員。

「亞力山大」健身俱樂部在臺灣當時名氣之大，源於當時的創辦人唐雅君行銷手法成功，成為吸引許多健身迷嚮往的聖地，我記得很多人都以身為會員為榮，也會相約去健身房。

加上近年來運動風盛行，健身房如雨後春筍不停的開，走在路上更常遇到健身房人員發送傳單和主動自我介紹，可見健身房的普及和需求性，運動本就是件快樂的事情，如能找到適合自己的健身房及教練，不僅讓人身心健康，更能讓生活充滿愉快。

一瞬間，經營看似十分成功背後，經營者以迅雷不及掩耳的方式選擇惡性倒閉，會員們頓時驚覺被詐騙，一時心情更是跌到谷底。亞力山大健康休閒俱樂部莫名其妙又不負責任的惡劣轉身，不敢面對面跟會員正大光明說聲「再見」，本來總以華麗現身的亞力山大，變成臺灣惡性倒閉企業的代表之一，可惜曾是臺灣深具規模的健身俱樂部王國。

亞力山大團體訴訟

亞力山大企業集團（Alexander Group）附屬的亞力山大健身房中心在全臺擁有 20 家分店，其中包括：亞力山大股份有限公司、亞爵國際育樂股份有限公司，均屬

於由唐雅君經營「亞力山大」健身俱樂部集團，累積會員人數超過 26 萬人，實際繳費會員約 10 萬人，估計年營收金額達新臺幣 20 億元。

96 年在沒有預警的情況下倒閉，造成廣大消費者權益嚴重受損且被強迫接受。此事業體的整體運作，企業主及高層們不會全然不知整體經營環境和財務情況，有的會員還是於倒閉前沒多久付了會員費後，才知道「要關門」，如此欺騙消費者並罔顧消費者權益，真是無良企業。

亞力山大健康休閒俱樂部倒閉後，12,000 多名會員求償無門，97 年委託消費者文教基金會提起團體訴訟，向亞力山大財團負責人唐雅君等人、集團健身會館和銀行求償總額逾新臺幣 9 億元，期間經過多次調解，最終提告人數降為 8564 人，求償金額減至 5.8 億餘元。

曾號稱亞力山大健身房女王的創辦人唐雅君是舞蹈老師出身，她打造亞力山大財團且上遍各大媒體，在當時是成功女企業家代表，出現在各大媒體和活動中講述她個人如何經營致勝、如何運動可以讓人健康，從無到有種種議題，建立消費者對她和該企業的信賴，無奈還是敵不過倒閉事件，讓她從成功女老板變成階下囚。

但在 96 年 12 月 10 日亞力山大健身俱樂部集團在毫無預警，突然宣布全面停止營業，造成締約消費者無法繼續依約使用，何苦經營至此？據調查顯示，業者惡意隱藏財務問題，還不斷吸收會員以騙取會費，根本就是「騙子」的行為，因此消基會接受這次消費者團體訴訟案件，創下所有案例求償人數最多的一案，因為「亞力山大」會員人數眾多，最終求償獲賠新臺幣 2.5 億元。這個案子一打就打了 14 年，總計 66 次開庭。

　　記得，時任消基會前董事長游開雄曾說，此案讓自己從年輕人變中年人，消基會若每個消費爭議的案子都承辦，肯定沒有那麼多的經費與人力，還好此案在大家努力之下最終獲得司法判決的勝利，背後都是消基會與義務律師的默默犧牲與奉獻。

　　很多人一定不知道，這 14 年的時間都在做什麼？大多數時間都是在算帳、對帳，因每個會員付帳方式不同，有的人用現金或信用卡，有的幫家人付款，這些居然都成為被告律師的「焦土策略」，不斷重新核對信用卡、對帳單等等，把時間拉長，但判決結果卻不如消費者的期盼。

　　此案是臺灣在消保運動之中歷時最久的團體訴訟，

也是唯一把銀行列為被告的消費者團體訴訟，希望這個案例對政府與企業有所警惕與省思。法律本應保護對的一方卻要受到如此長時間折磨？消費者的權益好似才是要被詳細檢視，而犯法的大企業卻找藉口展開無限期的延長賽，有利於大企業的立場居多。

更讓人不解的是，亞力山大財團負責人唐雅君明知財務狀況惡化已達無力支應程度，隱藏財務狀況惡化事實，仍然藉著繼續大肆宣傳吸收會員加入。

北院調查後深知亞力山大等三家公司在 96 年已面臨財務困難，卻隱瞞大眾，還推出單日消費滿 2 萬元可抽獎的優惠方案招攬會員，吸金 3 億多後惡性倒閉，確實違反《消保法》，造成消費者權益損害。終於在 111 年 2 月 16 日由臺灣臺北地方法院作出第一審宣判，這場訴訟創下耗時最久的紀錄，亦考驗受害者的耐心和對政府的信心。

判決結果

在亞力山大健身中心無預警倒閉後，消基會接受受害者委託提出團體訴訟，起先代表 1.2 萬人提出損害賠償，金額約新臺幣 3,500 萬元，在這 14 年間陸續有人接受和解或放棄請求權，最後仍有 8,564 位請求團體訴訟

賠償，總計求償約新臺幣 5 億 8,000 萬餘元（包含懲罰性賠償金）。

經過 14 年臺北地院審結，判決亞力山大公司要賠 1 億 8,602 萬餘元，旗下事業體亞爵公司及君生活公司則分別要賠 5,728 萬餘元、1292 萬餘元，共計 2 億 5,624 萬餘元。司法制度依法依理讓受害者得到正義伸張，加害人則應在法理之下，將侵害他人不義所得退回，必要時亦應得到適度懲罰。

至於董事長唐雅君和妹妹唐心如則免賠，主要原因是受害人沒把求償權讓與消基會行使，消基會也沒寄存證信函給唐雅君姊妹，因此認為向二人請求損害賠償無理由，判決駁回。唐雅君和唐心如因涉背信、詐欺等罪，遭判刑 1 年 10 月和 1 年 4 月，二人均已服刑出獄。

期望企業在經營時，不可用無良的行銷手法詐騙無辜消費者，更期望，對於類似亞力山大等人數眾多的消費者團體訴訟制度，應加以改良訴訟制度及程序簡化，不要讓意圖拖延訴訟的律師運用策略，浪費寶貴司法資源和時間。

14.八仙樂園之八仙塵燃案

　　104 年 6 月 27 日八仙塵爆造成 499 人死傷，共計造成 15 死、484 人受傷，為臺灣史上最嚴重的公安意外，目前多數被害者及家屬仍在與舉辦方進行賠償訴訟。

　　現任消基會董事長吳榮達強調：「現在卷宗大概累積到五、六十卷，整理的時候還要找出這個證據在哪一卷、哪一頁。有些受害者的資料甚至多達幾百項，要按照法院要求一項一項條列，此案造成的燒燙傷是終身痛苦傷害，真的不是用金錢所能量化，我們期待法院能判賠給

受害者更高於以往的精神賠償額度。」

雖然，八仙樂園確認違法經營超過半數設施無許可執照，但八仙樂園卻仍將場地租給民眾與業者，因此發生不幸的八仙塵燃案，違法嚴重卻不用負任何責任？而且，八仙塵燃6年半來，第一波原告98人的團體訟訴案，仍未進入法庭的辯論程序。但彩色派對活動負責人呂忠吉因業務過失致死罪，遭判有期徒刑5年，日前已服滿刑期出獄。

希望八仙塵燃能激起大眾開始注重安全意識，唯有當大家都重視自己與他人的安全，這個社會才能更加友善與進步。

前言：

「救命啊！」、「到底發生什麼事？」、「有誰可以幫幫我，我的腳被燒到！怎麼辦？」、「這裡有人被燙燒昏過去，拜託來幫忙！有沒有醫護人員？」、「出口在那裡？我們怎麼走出去？」、「好燙，我的手被燒到，有沒有水？」

那天發生在八仙樂園充斥著哀嚎與哭泣聲，此起彼落慘叫的夜晚，原本是歡愉派對，活動中的燈光燦爛加上粉塵幻境，結尾居然是伴隨熊熊烈火而頓時成為人間

煉獄，令人痛心。

　　幸運的人還能行動的就拼命逃竄，不能逃的已經被燙燒到坐或躺臥在地上、有的人已經失去意識，也有些沒有被燒燙傷的人，基於做人的基本良心，不放棄任何希望，努力幫助他人逃命或提供協助。

　　當時，參與此次活動的民眾根本還來不及搞清楚發生什麼事，事後經由多數渾身燒燙傷的受害者或幸運逃脫的當事者之綜合陳述，回想現場發生事故的場中充滿濃濃燒焦味，還有讓人害怕的濃稠血腥味及數不清的破碎衣服和人體皮膚散佈滿地，總計造成 499 人死傷的大災難。

　　自八仙塵燃這天起，有很多這場活動受害者原本的生活、外表、心靈、人生、家庭等，或者有些人已離開人世，都因此事件回不去原本的樣貌。

　　「你沒事吧？別怕！有我在。」在這樣混亂場景中，出現一句溫柔安慰的話，那名男性明明已經渾身是傷，整個背部被燒到血肉模糊，但卻仍溫柔安撫著女朋友，他懷中的女友對比起來只有腳部輕傷，她臉上淚流滿面，發抖驚恐不已。

　　他帶著女友看到救護車到來時，他明白總算安全了，

「沒事了！不要怕！」這是那位男性最後的一句話，接著他便昏倒同時被送往醫院，這兩位算是運氣很好，自己能夠走出來，並被迅速送往醫院的案例。

這一段兩位受害者的事件，出自我友人小孩的陳述，因為友人小孩認識這對男女朋友，本來友人小孩也要一同參與此活動，但沒想到那天他生病無法前往，當時還很懊惱和朋友失約的他，後來卻暗自慶幸還好那天沒有去參加這場慘絕人寰的活動因而逃過一劫，否則後果難以想像。

上述這一對男女朋友是八仙塵燃的受害者，在不幸事件發生後，雖然事後女友身體沒有什麼大礙，但必須固定求助精神科醫師，而本來個性開朗的男友，個性不再像以前那樣落落大方，反而變得十分靜默且憂愁，也同樣需要求助精神科醫師治療，可見得這件事情對他們的影響有多深，背部的燒傷讓他經歷換藥治療時的痛苦折磨，他和友人訴說那天晚上的不幸事件是他人生夢魘，但還好的是這對情侶倒是很珍惜彼此緣份，深知要靠自己的意志力和正能量才能活下去，且和其他受害者比起來，算是非常幸運。

但聽說只要朋友有時不小心講述到八仙塵燃或好意

關心時，或者新聞上有火災發生的新聞時，他們兩個還會不禁發抖，這樣的反應已深層藏在心底，也對八仙塵燃案持續有著憎恨與恐懼。

透過真實案例的描述，受害者在努力過生活的過程中，不論是皮膚留下的永久性疤痕，或是在心裡留下的永久性刻痕，都是揮不去的傷害，請問，這樣的身心折磨，要如何量化賠償？是金錢能夠賠償的嗎？

八仙塵燃發生時，在各大媒體新聞中占據非常多的版面，然而，調查結果呢？我們要的答案呢？這些受害者的賠償和爭議靜靜的沈入時間洪流，很多人開始遺忘這件事情。

對於八仙樂園的整個事件的調查及非法使用場地的探討卻少之又少，似乎也不怎麼重要的被帶過，只要提及有賠償或是責任歸屬，似乎就會往沒有疏失的方向去引導，但當我們看清楚事情的真相時，又能怎麼樣？時間會沖淡不幸事件，但燒出的痕跡是不會被抹去的。

在此，更要提到有位勇敢且極具正義感的受害者，當時他是第一時間成功遠離那片可怕重災區，但他聽到災難現場痛苦的掙扎與叫喊聲，他覺得自己的體力可以去救助困在現場的人，善良的人性啟發他選擇勇敢衝回

去事發現場幫助受困的人，也因為這個偉大的善行，他讓自己的人生時間點，永遠停在事件之中。

因為，後來當他被發現時，全身已被踩踏到遍體鱗傷，雖然僥倖保住性命，但無法回到正常人的智商和生活，事後有人描述，他回頭協助其他受害者時，結果自己體力耗盡，反而被困在泳池中並被人踩踏，事後所造成的傷害嚴重到智力退化到 6 、7 歲的程度。

一般正常人知道這樣的善舉後會十分尊敬他，同時替他感到悲傷與惋惜，但讓大家憤怒的是，當談到此事件的賠償，該企業居然表示他明明逃出現場，卻又衝進去，這都是他自己造成的，請問，大家覺得這種說法合理嗎？

八仙樂園的代表律師對於很多案例的無禮對待，很多輿論開始了解八仙樂園的負責相關人等及律師如此無情，視而不見受害者的苦難，對於這位勇士的所做所為和在法庭上的攻防，簡直就是告訴大眾，這位受害者「活該」、「誰叫他要去救人？」他熱心救人的義舉，在相關應當負責人士的眼中，如同糞土。

因此，大家應該更要看看藏在背後的真相，如此一個企業對待無辜受害者的態度如此無情，我們不能讓無

良企業就此糊弄過去。

回過頭來，我們要檢討八仙樂園的場地和設施，事後調查發現出租舉辦的場地都是非法使用，卻在事發前長期光明正大地占用，但出事後全推給別人，說詞為：「我們只是出租場地，發生任何事與我們都無關。」請問，合理嗎？

雖然我不是法律人，但這個案例似乎不用法律層面的認知，也能明白對錯，首先，法律和不少個案判例都表明出租場地是有連帶責任的，不知道為什麼有些法律人為了辯護，居然可以睜眼說瞎話或是斷章取義、玩弄文字遊戲的推諉卸責，如同本書提及的微風廣場火鍋熱風事件、漢神巨蛋事件或是臺中 SOGO 廣三事件，都是相似性質的事件，全是出事後，租方與出租方需連帶賠償給消費者。

再來，八仙樂園場地的存在本來就是不可以使用，就是所謂「非法使用」，但他們卻可以若無其事繼續使用或運作很多年，我們要問，負責的政府相關單位是睡了？還是從來沒有醒過？

不知道為何，有些企業主事者能成功的從連帶賠償之中脫身，全部只由承租方負擔責任，這其中的門道讓

人無限想像，往往真相隱隱即將浮出水面之際，卻又被深深壓回水底，讓真相永無出頭之日，雖然證據就擺在眼前。

此案的出租方都是以「我只有出租，而沒有經營」，可以不用負連帶責任為說詞，然而在各方的判定，出租方本來就有責任必需連帶賠償，已經有不少案例證明如此，八仙樂園卻能避開責任，還不斷「捍衛」自己，便是打定主意不願意賠償，甚至如神仙預料般判斷審判根本不會受到波及。

只能說，整個過程刷新大眾於「對錯」的認知，不得不說根本不把人命放在眼裡，連法律都可以視若無睹，實在令人寒心。

最後，還是希望有罪的人等能受到應有的懲罰，其他企業才不會爭相效法，變成沒有擔當且草菅人命的無良企業，如果讓有權勢的企業主在此事件中能如此擁有話語權和操縱力，讓臺灣企業的素養和水準下降，對於臺灣後代和眾多消費者也是極大的不良教育，對於公安維護更是最壞的不良示範。

八仙塵燃之八仙過海案件：

臺灣史上死傷人數最高的公共安全事故「八仙塵燃」，是團訟案件的公安事故中最令人震驚的公安事件，號稱「八仙過海」的八仙塵燃。

　　「八仙樂園」是臺灣營運已久的知名大型娛樂場所，亦是「萬海集團」陳氏家族擁有，但在發生不幸事件後，其「高高在上，閃躲任何責任」的態度，堪稱在不幸意外團訟案中最令人難忘。

　　在發生八仙塵燃前，大名鼎鼎的「八仙樂園」曾是多少人或家庭夏日必去消暑的歡樂地方，八仙樂園的負責人和相關企業體要摸摸良心，那麼多的消費者曾讓八仙獲利不少，但發生八仙塵燃後卻如此漠不關心擺爛和推卸責任，彷彿一切都與自己沒有關係，也不需要做任何的協助與賠償？加上各種光怪陸離的招術，讓人不禁聯想難道臺灣的大企業都是如此糟糕嗎？只要企業夠大，有足夠的能力打點關係，便能將責任完全拋棄嗎？

　　這個不幸事件有很多令人痛心和值得省思的地方，除了塵燃案發生當天的淒慘現況透過新聞現場報導歷歷在目，大家看著如此眾多無辜者的死傷和哀叫，只要是正常人都痛心不已。但，這些完全無法動搖相關企業高層的關心和同理心，一味想要脫離責任，彷彿都與自己

無關。

　　在八仙塵燃調查後發現一個最可怕的真相，那個曾經讓多少消費者去的消暑游泳池區域及一半以上的八仙樂園地區，簡而言之，就是消費者曾經快快樂樂游泳或走踏的娛樂場所，居然是個長期「非法營業」的場所，那一大片地不是可供營業使用的。這些事實被揭發後，政府單位的查核是怎麼回事？涉及那麼多人是否有失職的問題？

　　如此醒目的大型營業場所可不是小小一塊地，歷任新北市長和各局處長官們難道都沒有專業能力？那麼久的時間視而不見？沒有法條可管？臺灣沒有制定相關規範？

　　只能任由該財團在非法的土地上想做什麼就是什麼，這是對的事嗎？抑或是背後有不可告人的真相，簡直令人不寒而慄，如果政府單位能夠及早發現讓業者停止使用，那這場悲劇就不會發生了。

　　而在八仙塵燃後，為什麼如此吝於給受害者和我們大眾一個交代？違法在先的八仙樂園暗潮洶湧的內幕，卻讓這些無辜八仙塵燃的受害者久久等不到公平正義對待，只能默默忍受著身心煎熬和現實無情生活的困境，

一旦發言就會被有心人說是大做文章，定義是「來要錢的受害者」、「不知道這些受害者私下拿多少錢」，可是事實真理本來就要站在受害者的立場說話，所以究竟這些言論是怎麼出現的呢？

做為八仙塵燃事件的存活者，如果身上有疤痕，總會勾起好奇者問「怎麼受傷的呀？」，多半下個問題就是「那你們有沒有拿到賠償？多不多？」，情何以堪。

其實，要讓更多人知道，當消基會的律師團搜集被害人的意見和心路歷程呈現給法官，但對方律師在對許多賠償的細項進行「逐條攻防」，連交通費等都要質疑是否有其必要，明眼人都知道，對方抱持著不想負責任的立場在進行訴訟拖延。

受害者盼不到公平正義，只換來被輕蔑看待和無情評論，雖然負責此活動的呂忠吉被關 5 年，目前他已經出獄且也完全無力賠償金錢，但八仙樂園的企業主和負責人員從事發後，一樣過著優渥的生活，經營的企業完全不受影響，是否真的如同大家傳說中的「八仙過海」？

這場成為臺灣史上最嚴重的公安意外，似乎看不到解決的盡頭，只能官版表示靜待司法調查？到底要查到何年？何月？何日？

八仙樂園是知名萬海集團陳家所經營擁有的，萬海集團就是八仙樂園的大股東。有趣的是，萬海集團亦創辦「萬海航運慈善基金會」，其實也做了不少善行，但是讓人充滿疑慮，怎麼就沒有把善心善行運用在臺灣史上最嚴重公安事故的八仙塵燃之上？

　　受害者有的已經喪生、有的家庭破碎、有的在努力求生存、有的對於身體和心理的損傷難以平復，度日如年，還有更多的受害者需要一輩子照護，儘管時間沖淡大眾關注，傷者及家屬都在努力面對後續的磨難，有的患有憂鬱症需要精神科的治療協助，百般傷痛還在努力復原，似乎看不到盡頭。

　　所以，這些受害者的感受都無關緊要？只要企業保持駝鳥心態就可以嗎？雖說每個人都有不同的價值觀，但這些無辜受害者的傷害，怎麼辦？沒想到在八仙樂園長年賺那麼多錢（還在非法的土地上），消費者如此相信大品牌的安全性和合法性，卻在發生如此巨大的公安事件時，對於受害者的需求，竟然如此無人性的百般刁難和避重就輕。

　　近年來，全世界消費者權益抬頭，臺灣政府不能只有喊喊口號和做虛弄假，這和臺灣各項先進發展和國際

地位不成正比，最重要的是，八件塵燃難保不會有下一次？未來相同事件就可能發生在你我身邊，民眾是有智慧的，看我們的政府單位和相關人員可以做出什麼交待，讓我們持續關注，不能遺忘。

雖然不能保證每個企業經營者都有良心和善心，因此消費者自我保障權益的意識很重要，我們應該站出來努力為保障自身的權益而奮鬥，爭取臺灣消費者應有的權益，這樣社會才能夠進步，那怕是一小步的進步，都能讓受害者及廣大家屬們那永不安寧的內心和傷疤，有公平正義的一天。

消費者再不自我覺醒和爭取自我權益，未來只有更多不良的企業在經營事業任意而為，這次你、我沒事，但我們應該保障別人和下一代，讓企業應當負起責任，而不是讓規規矩矩的消費者受苦受難。

期待，大家一起和受害者追蹤八仙塵燃案件的後續發展，不要遺忘受害者，期望在消基會的專業人士帶領奮戰之下得到最後勝利，不僅能稍撫慰受害者的心靈，更重要的是消費者權益本應受到尊重，號稱民主自由的臺灣遇到消費者權益時，卻是氣息羸弱無法為廣大的受害者撐起保護傘。

先前有提到一位令人尊敬的受害者，本來他可以置身事外，這位善心人不是知名企業家或名人，但在此事件受到很多人尊敬，這是用金錢買不到的，他在當下發揮了做人的良知，我想連小學生都會知道應該幫助別人。請問，令人尊敬捨己救人的好人，當他無法自行前往去看醫生時，需要搭乘復康巴士才能回診，連如此需求都被對方律師質疑有其必要性嗎？一位可貴善心人捨己救人的行為要被踐踏至此？我們國家的教育水準是否要被扭曲的價值觀所牽引，請大家理智的自行評估。

　　所以當八仙樂園的強大律師團自認很公平、公正、專業的在法院的攻防中，不斷質詢受害者和家屬們各種題目，例如，單據有疑慮要再認證？本來身心俱疲的受害者還要再次忍受屈辱和心情的撕裂，這是何等非人道的對待？如果今天受害者是您或您的家人呢？

　　即便後來消基會建議部分費用各自負擔即可，卻也受到對方律師反對，試想，如果是自己兒女被燒傷、被踩踏或死亡，您們在幫助大財團之餘，於心何忍？目前只判了一個辦活動的主事者關個 5 年草草結案，法律和法官睡著了嗎？還是想靠著延長賽讓這些受害者妥協？

　　有些被害人因截肢而喪失身體機能，其他多數被害

124

人的燒傷，歷經清創、換藥、植皮手術，承受生不如死之疼痛。復健治療過程極其艱辛漫長，而且燒傷部位無法排汗，此案受害者需要承受大多難以忍受的煎熬，還要面對各種各樣復原之路。

還有被害人的關節及手和腳的機能難以回復正常，影響日常生活的自理能力，傷痕外觀更需要面對外界的異樣眼光，種種心理層面的創傷亦不可言喻。我們一定要持續關心，不能讓無良財團頂著外界看似美麗的光環，還能順心如意的「八仙過海」。

團訟程序與困難度：

消基會董事長吳榮達表示，對方委託律師的訴訟策略，是令八仙受害家屬難堪並近於不通情理。

傷者醫療復健收據少則幾十張，多則上千張，而萬海集團律師幾乎對所有單據進行逐一攻防，有關被害人家屬前往醫院探視與照顧的交通費用，他們律師質疑交通費不屬於被害人的必要費用，再者，萬海航運的律師要求法院向醫院函查受害人是否有全天照顧的必要性？樣樣都要舉證，對被害人而言無疑是另一種折磨，不只是身體的傷痛，心靈更是煎熬。

消基會董事長吳榮達說：「真的滿殘忍的，受害者或

家屬還得要永無止境的辛苦地去跑流程，這傷痛根本無法被估價，也無法因賠償而得到療癒。」

112 年 4 月 19 日，士林地方法院裁定玩色創意、瑞博國際和活動主辦人呂忠吉需共同賠償 4 億 588 萬餘元，並承擔連帶賠償責任，但大家都知道呂忠吉財力有限也無能為力。

當時法律扶助基金會代表律師之一的賴芳玉表示：「不能說因為是房東就可以免責。」她解釋說，電影院發生火災，租給經營業者的商業大樓有沒有連帶責任？就看與事件有沒有「因果關係」。

賴芳玉認為八仙樂園無法免責，包括主辦單位門票也包括使用八仙樂園本身設施、八仙樂園將原本可以容納 600 人以內的游泳池場地水抽乾接納 2000 名遊客、主辦單位辦活動沒有向新北市政府申請，再加上出租場地的八仙樂園動線設計不良，其因果關係非常值得討論。

消基會於 105 年 6 月 27 日為 98 位被害消費者提出第一波團體訴訟，106 年 6 月 26 日為 337 位受害消費者提出第二波團體訴訟。但司法牛步，在於八仙陳家的律師連對受害者喪禮所提供的杯水、受害者憂鬱症就醫回診計程車單據，都被質疑是否有必要和關聯性，消基會

董事長吳榮達只好徵詢每位被害者出函各單位查詢和驗證，無止境的折磨只為意圖使受害者喪志。

　　而醫院鑑定失能與就醫需求亦是曠日費時，與傷者密切交流的吳榮達表示，燒燙傷的被害人後續復健治療的過程是一輩子的傷痛，真的不知道大企業怎麼可以如此忍心對這些受害者被如此折磨？但消基會還是繼續努力，也期望民眾可以為消基會打氣和鼓勵，大家一起期待公平正義的到來。

　　「八仙樂園」屬於萬海航運集團家族私人企業，八仙股權主要集中在陳家，萬海航運這些年大賺，雖然財產倍增，但無法引出某些覺醒，其實撥出一筆金額撫慰八仙塵燃被害人，就可以早日讓受害者走出似無盡頭的司法攻防。

　　發生八仙塵燃的活動為彩色派對，由「玩色創意國際有限公司」承辦，負責人為呂忠吉，可笑的是在本案只有他被關。粉彩派對於 104 年 6 月 27 日租用八仙樂園舉辦，但在當天 19 時呂忠吉表示晚上要有不同的活動流程，由「噴灑色粉」改為噴螢光漆的「夜光秀」環節，隨後呂忠吉離開舞臺至外場送客人，他雖強調活動流程證明他離開舞臺後的時間段並沒規劃要噴彩粉，是他人自

作主張噴粉，此兩部份法官判定兩者皆屬實，惟刑事判決認定：「呂忠吉離開舞臺時，復未告知友人沈浩然不要再噴射色粉」。（這是事實，但說法可笑。）

這場活動吸引不少消費者報名「彩粉」派對，並由八仙樂園共同參與主辦的派對活動，場地位在八仙樂園裡抽乾水的游泳池舉辦，但不幸發生火災，當時燒燙傷499人，其中燒燙傷面積達80%以上的計有41人，燒燙傷面積達到40到80%的計有240人。據當時消防員指出，現場慘痛事故令他們難以忘懷，連燒傷者也形容現場如同人間煉獄，有些工作人員情急之下用水柱直接近距離噴灑燙傷的受害者，只見事後地上一堆人皮，慘不忍睹。

據資料顯示，八仙塵燃現場第一時間救災總指揮戴誌毅表示，本來想成一般事故，但到現場發現事態嚴重，更誇張的是現場無人統籌。他表示：「我用大聲公喊，可以走的人到這裡集合，結果根本沒有幾個人走出來，可見其嚴重性。」後來救護人員望去全是得快速送醫的重度傷患，躺在地上哀號的傷者至少百名以上，但園區內通路狹窄彎曲、標示不明，許多遊客逃離時推擠拉扯，甚至有人遭踩踏，還有救護車要搶救時須與人爭道，即便順利載到傷者，卻因蜿蜒路線而受到拖延。

由於會場沒有工作人員指揮，有能力的燒傷者湧向正門逃生，正門還有自動檢票機阻攔，無逃生能力的200餘名傷患，大多靠泳圈運送，再經 4-6 人合力才能抬高跨過自動檢票機，可見救災困難。事後統計，當天共出動救護車 144 輛次、官方與民間共動員 1,092 人次參與救援。

調查結果顯示，災區旁有道後門，但據消基會董事長吳榮達指出，後門完全被焊死無法進出，可見得八仙樂園根本沒有建置完善的逃生路線，罔顧公共安全和消費者權益。

揭開八仙樂園從 78 年開始到 104 年營運時間，想必很多人都知道有個游泳池設備，當時常常經由電視廣告等各媒體傳播，得知此處經常舉辦各式活動，也是暑假玩水的好去處。很多消費者居然都是處在一個極度不安全的環境之中從事休閒娛樂活動，而且是「非法」的營業場域，還可以「非法」營業那麼久。

新聞報導說有很多中小型營業場所被發現不合規定就馬上停業處理，但如此大型又醒目的八仙樂園卻可以經營那麼久。事後證實，派對所在游泳池屬於「快樂大堡礁」園區，在土地使用分區裡屬農業用地，是違法建

築，理應不可以建設且存在，公部門應該取締，但多年來居然都沒事？

園區未申請遊樂設施執照，卻一直違法經營，所以公部門單位在此事件上都沒有責任嗎？該地是國有土地，契約規定禁止轉租，本就不應租給他人舉辦派對。如此巨大的八仙樂園場域，居然政府單位長時間查不到「非法」使用，令人不解和恐懼的是，此場所長期使用非法土地營業，在發生巨大事故後，其主要負責相關人員居然毫無負責的心意？臺灣司法對於此事的無辜受害者，負責任的態度在那裡？

受害者必須忍受身體和心靈的疼痛與折磨，金錢補償是有形，但失去生命的那些亡者和這些燒燙傷的人面對未來生活的心情，一輩子都受到影響，甚至有的人等不到判決選擇輕生。如果不是發生這樣的事件，這些受害者以及家屬，都可以自己工作賺錢，而不是像個乞丐等待賠償，道理何在？

臺灣的團訟制度，長期因為缺乏簡化訴訟程序，成為企業律師玩弄的工具，以胖達人不實廣告為例，自102年8月檢調偵訊後，一直打了9年，團訟才到二審辯論終結，還有亞力山大健身俱樂事件，纏訟14年。

消基會在接受被害者團訟委託後，熱心承辦案件的義務律師都盡心協助，卻往往受企業律師的嚴密攻防窘態，正義展現怎會如此悲情又不公平？

刑事方面：

刑事方面，三審定讞宣判呂忠吉業務過失致死罪 5 年刑期，其他嫌疑人在 108 年 11 月確定全案不起訴，認定呂忠吉具體責任在於「瑞博國際整合行銷有限公司」向八仙樂園承租場地，於 104 年 6 月 27 日舉辦需購票入場之「彩色派對八仙水陸戰場」活動全責。

呂宗吉主張活動流程表證明他離開舞臺後並沒有規畫要噴彩粉、是沈浩然自作主張噴粉末，一審裁決認為「呂忠吉離開舞臺時，復未告知友人沈浩然不要再噴射色粉」。加上呂忠吉為該公司實際負責人、出資人，為提供服務之企業經營者。呂忠吉已於日前服刑完出獄。

所以，一個活動公司老板辦個活動，後續有事先行離開，還要負責在場員工發生的任何不當問題，例如：員工和顧客發生糾紛造成打架，所以臺灣的法官會不會判老板離開前要說：「員工千萬不能和顧客打架，還是被打也不能還手。」天知道員工會和顧客發生什麼事情？會怎麼樣？

另外，如果有員工抽菸而造成什麼意外，例如火災、或燙到客人，老闆也有罪，因為老闆要提前交待他：「不可以抽菸。」問題是老闆可能不知道他有抽菸，這種事是否都要老闆負責，就算先前已經告訴員工，但員工照樣不聽當耳邊風，請問老闆能拿出什麼證據來嗎？

　　而且，八仙樂園管理層完全不起訴？臺灣的司法到底是法治還是人治？八仙董事長陳柏廷、總經理陳慧穎、行銷總監林玉芬，居然在 104 年 10 月 16 日全部獲檢察官不起訴，外界笑稱當天榮登臺灣「歷史上最驚奇的一天。」

　　受害者律師不服，三次提請上訴均被駁回，雙方爭執論點分為「管理層沒參與營運」、「八仙樂園出租的園區範圍本身沒申請執照，泳池更是違法建築」，單就文字意義逃得過司法判決？

　　檢察官表示，董事長從未實際參與公司營運，公司所有印章都放在八仙樂園裡，且董事長同時擔任數家公司負責人，無須負過失責任。檢察官又表示，總經理對派對活動內容、流程、工作人員至門票銷售等均未參與，更無決策權，不符消費者保護法所稱之「企業經營者」？由此無須負過失責任？而且租賃契約明訂，八仙只出租

場地，所以依此案例八仙高層完全都沒有責任。

但是派對有用到八仙樂園的商標、服務和設施冠名宣傳，並以搭售、聯票方式賣門票獲利，可見八仙也是活動「共同承辦人」，雙方絕非單純的房東房客關係，但檢察官似乎認同八仙「只享利益，不負責任」的說法成立，也很巧妙的把八仙樂園「大堡礁泳池」解釋為合法的。

由於該土地是國有財產局租給八仙樂園的農業用地，本為農業用水池，契約指明保持「原有之使用」，就八仙樂園將之改造為游泳池，形狀與範圍與原有相近，此乃天兵說明。

八仙塵燃五週年紀實一書：

為了不讓大家忘記此事，109 年由二位資深媒體人蕭介雲、謝幸恩共同出版「萬海陳家政法商現形記 - 八仙塵燃五週年紀實」，其中蕭介雲在作者序中道出此案所有的重點和財團的真面孔，令人深感政府常常講要捍衛消費者權益根本是說說，怎此事件就默默龜縮帶過。

此書一出，造成社會各界再次對八仙塵燃的關注，但是仍然影響不了八仙高層經營單位的良知和相關單位的處理進度，只能讓受害者繼續受折騰，同時讓應負責

的政府單位人員默默閉口，草草交差了事。

擷取蕭介雲在萬海陳家政法商現形記－「八仙塵燃五週年紀實」，書序文章：

「我們平日過馬路，遇到幼童老人總會多留意一下，看看是否需要攙扶，這份簡單而美好的心意…」、「簡單的助人行為常常是一種本能反應…敞開心胸來面對不同的意見和聲音，就會集結大家的力量，把事情處理的更好。」

「一次又一次讓出身弱勢或遭逢困境的朋友找到安頓身心的方式…轉化到每個人的生活中，能讓大家跟家人、同事、朋友間人際相處更圓滿，讓永恆的愛在暗處更加閃耀。」

以上這幾句文字，居然是萬海航運董事長陳柏廷於萬海航運慈善基金會所屬「停泊棧」網站「柏廷隨筆」專欄中，以「慈善家」身分發表的文章內容，字裡行間滿是關懷社會弱勢的溫暖。

不過，將時間拉回到 104 年 6 月 27 日震驚國內外的八仙塵燃事件，這位兼任八仙董事長的慈善家，寫那麼多如此正能量的言論，對發生的意外不幸卻連一句關懷

關心的話都沒有，卻選擇了神隱，而陳家的另一位核心人士，陳柏廷的兄長陳致遠，當時卻在帝寶豪宅內，為了妻子舉辦三天的生日派對。

如此行徑引發當時新北市侯友宜副市長的震怒：「連一句道歉的話都沒有，他真的以為他是八仙可以過得了海？」直到 11 天後的 7 月 8 日，陳柏廷才首度現身蘆洲分局，經媒體追查，事發地點的快樂大堡礁泳池，根本就不在經營核准範圍內，是一個不應該存在的泳池，八仙一句「只是掛名董事長」，真能卸責？

經過不斷的回溯與了解法律爭議點的過程中，深深感受到有不少的受害者和家屬，仍未走出這場意外深谷，與看似無盡的冰冷隧道的司法攻防，司法進度牛步蝸行的原因為何？從中了解到讓不少受害者感到絕望的因素很多。

首先，雖然陳家事後以公益信託方式，捐款逾 1.5 億，但就如同序文一開始所言，慈善家在事件發生後，卻選擇神隱？後來，受害者同意採行修復式司法途徑，陳柏廷又再度選擇不出面。

其次，一方面受害者人數實在太多，通知花了不少時間，重點在於八仙委任的律師在法庭間，就連往生者

喪禮杯水，受害者搭乘復康巴士、醫療單據、看護等費用，都要再三質疑是否必要性，一一進行令受害者身陷折磨的另一場馬拉松式的攻防。

在此舉一案例，受害者吳聲宏原本於第一時間逃離現場，因為了二位小朋友的哭泣求助，他勇敢的重回現場搶救，卻不幸造成自己超過六成的燒傷和嚴重腦損，智力因而退化，就連他要搭復康巴士回診，對方的律師都質疑其必要性。

而且消基會在每次法庭的攻防後，回頭通知受害者和家屬，哪些單據要再認證，而他們就要再次被迫波奔，身心再受更多煎熬，即便消基會退一步表示，部分費用各自負擔即可，都被對方律師反對。

還有，由臺灣榮總等知名醫院嚴謹地協助受害者，進行勞動力減損與未來醫療所需費用鑑定，也被陳家委任的律師不予認同，主張鑑定應採取美國的標準，由於榮總等醫院已經算是國際一流的醫學中心，居然還被對方如此主張，也讓消基會和眾人傻眼不已。

如果真要比照美國標準，不得不提及一事，那就是根據萬海航運在 97 年財務報告所列，有件合併子公司員工交通訴訟案件，經美國加州初等法院於 96 年 5 月

24 日的判決，需賠償 1764.8 萬美元，之後達成庭外和解，由合併子公司賠償 450 萬美元，折合新臺幣約 1 億 3971.5 萬元，並於 97 年 9 月支付。

萬海對於這起在美國發生單一交通事故造成一人重傷案件，就付出如此鉅額的和解賠償金，依其律師對鑑定的主張，是否更應比照該案件「美國標準」的善意，對八仙塵燃近 500 百受害者，也能夠比照辦理和解？

祝願所有受害者和家屬，提早迎來公平判決與合理賠償結果，脫離這場無止境的惡夢，政府應提升消費者保護意識與持續完善法制，避免如此憾事再發生。

不懂法律也要深究的七個重點：

（擷取蕭介雲在萬海陳家政法商現形記 - 八仙塵燃五週年紀實）

全臺最大水上樂園八仙樂園發生的八仙塵燃，在這七個問題點，稍具知識的民眾可一目了然分辨「對與錯，是與非」。曾經是喊出：「躺著玩，坐著玩，趴著玩，還是八仙好玩！」的全臺最大水上樂園。

一、逃生路線狹長，八仙樂園場地有其安全救援難度：

八仙塵燃當天救援指揮官尚少華表示，他於案發時

擔任第三救災救護大隊的大隊長，當時為案發地大隊的管轄區，是案發當天最早進去現場的搶救人員之一。

　　他當時抵達案發現場的八仙大門口時售票處後，才發現早先抵達的救護車全部癱掉，無法動彈，亦無法進行救援行動，因為離案發現場約有 800 公尺，單趟時間路程至少要 15 分鐘。

　　由於樂園裡面道路設計僅開放給遊客徒步行走用，寬度只有約三公尺，僅容一臺汽車單向通行，內部道路動線設計蜿蜒，不利救護車進出更不用說迴轉，嚴重影響救護行動。

　　事件發生後，除了現場秩序混亂，在園區第一時間沒有廣播，造成民眾不知道要逃生或是去何處尋求救護，情況十分危急。當時參與的救護人員表示：「躺在地上哀號的傷者至少百名，但園區內通路狹窄彎曲、標示不明，許多遊客為逃離現場，互相推擠拉扯，甚至有人遭踩踏，救護車須與人爭道也沒有相關人員指揮，即便順利載到傷者，卻又因為蜿蜒的路線拖了半小時才送出園區，大大錯失黃金救援時間。」

二、八仙樂園出口根本造成救援瓶頸：

　　八仙樂園共有三個出入口，平常遊客進出是走園區的南側大門售票處，消防逃生是西南側門，因內部道路

寬度不夠而作罷，而靠案發最近的入口是西北側入口，而該處已被封鎖，此入口根本無法進出。

當天由消防單位設立「檢傷分類站」在園區內部的餐飲商店街前方空地，依傷勢狀況分檢後送到各醫院，但人數眾多，包括傷者、親友、救護人員等眾多人流，都要從單一的大門售票口出入，但已嚴重延誤救援的黃金時間。

三、游泳池落差：

相同的活動在 103 年就在八仙樂園舉辦過第一次彩色派對，根據呂忠吉與八仙樂園簽訂的「活動場地租賃合約書」，這次場地在泳池內，八仙樂園抽乾池水讓活動舉辦，而抽乾後泳池的低窪地形，大大影響逃生。

火勢發生後，有人想往兩側爬出泳池，卻被與地面有二公尺落差的池壁擋住，阻止逃生之路。

四、超賣活動票券：

活動當天進到安全容量只能容納 600 人的泳池，但當晚入園人數約有 4,000 人，導致事故發生時，擠在泳池內的人無法及時逃生，大大超出活動場地的負荷。反而是許多擠不進去、站在泳池高臺的遊客逃過一劫。

五、八仙應變能力不足：

在如此大的娛樂場域，居然沒有足夠的應變能力，

而且還通過政府的相關檢測，真的令人不解，雖說業者經營的一大問題，非常草率看待消費者的權益問題。

八仙樂園有份「緊急救護計畫」，規劃的紙上談兵萬事俱備，但一碰到事故似乎完全沒有發揮任何功用，未能及時廣播和疏散人群，讓受害者只能自救，直到消防單位進駐才獲得助力，得以有功用。

六、不存在的泳池：

八仙塵燃後才讓大眾發現，案發的泳池原來是一座不合法的經營設施，園區內共有 15 項設施卻有 8 項是未請領使用執照的違章建築，包含這座不應該存在的泳池，相關單位睜眼讓這些項目過關，難道您們都不知道嗎？

七、麻木失責的相關單位：

回顧核查資料，早在 93 年八仙樂園申請核准觀光遊樂業執照時，所有的相關單位和經手人員都應該在其崗位上發現八仙樂園內的土地使用狀況，但卻因為可能是大財團的關係，真的可以「八仙過海」非法經營。沒有一個人在塵燃案發前著手清查。而且這裡還得到相關單位獲得觀光遊樂業考核競賽的「優等獎」喔。之後造成這一場臺灣最大的塵燃事件悲劇，都和這些失職的專業人員有關，真的是太可惡。

15.臺中盛唐中醫診所中毒事件

　　臺中市盛唐中醫診所中醫師，聲稱為治療病患而將水飛硃砂及珍珠粉加入處方中藥粉，並提供病患服用，而造成 28 名病患發生重金屬中毒的症狀。

　　據了解，水飛硃砂主要成分為硫化汞，攝取過量時對人體所造成的危害應為汞中毒。本件 28 名患者因食用到主要成分為四氧化三鉛的「鉛丹」，以致受到鉛中毒傷害。

前言：

「這家中醫真的很有效！我以前早上起床就狂打噴嚏，吃完中藥後改善很多。」這是我的朋友在吃了某家診所的中藥後，不斷向我推薦，他知道我的鼻子和她一樣嚴重過敏，早上起床猛打噴嚏是第一階段，接下來就是止不住的流鼻涕，總是要花點時間才能恢復正常，造成生活上很大的困擾。

存著好奇心和過敏困擾的我，決定去她推薦的中醫看診，記得那天去號稱知名中醫診所，果然人潮之多名不虛傳，在中醫師的看診和詢問後，他要我先試試兩個星期按時服用中藥，再看狀況調整，而我在服用中藥一星期後早上起床的症狀確實有緩和，這樣的結果讓我產生對這家中醫的好感。

後來再次遇到這位朋友，我很感謝的和她說：「謝謝你介紹的中醫診所，真的有效！我早上打噴嚏的狀況好了點。」她回：「太好了，但中醫診所還是要慎選，我們算幸運遇到良醫，沒有吃中藥吃到中毒。」

原來，當時中醫界出了大事上了新聞，因為她有位好朋友在這家出事的中藥診所調理身體，久久見到此位友人時，常炫耀她去的中醫是政商名流的最愛。

最後在新聞爆發後，她到醫院檢查竟發現「鉛中

毒」，並馬上更換其他中醫師調養才沒釀成身體大禍，但心理的陰影和恐懼變成要去看心理醫師，真的是花了大錢又「沒病看到生病」。

然而，這家中醫診所的有些病人就沒這麼幸運，由於吃中藥調理本來就是一個長久的過程，也基於對醫師的信任，所以如果中藥和中醫師醫德不好，如同爆發鉛中毒事件，長久的累積只會造成身體健康越來越不適，後來到這家看診患者陸陸續續開始出現各種程度的病痛，例如某位議員全家都深受其害，還上了新聞。

中藥理應緩和調理身體，但在此案件中卻造成鉛中毒，反成為慢性自殺，搞不好有人從沒病吃成有病，造成不可逆的傷害。

但這位當事人中醫生居然對法院的判決不服，他沒有做出相應的賠償就算了，只想著要爭取自己的權益和商譽，把問題丟給配藥者或藥商提供者，醫生應該要先有醫德，但當對眼前的利益時，醫德就被拋諸在腦後。

先不論是不是藥商的問題，身為醫生應有的擔當在此案中蕩然無存，這些患者的生命彷彿與他無關，藥物是從這位醫師診所開出就肯定要負責，但我想不是每位中醫師都那麼無良，但經由這家不良中醫的案例，警惕

其他相關業者要有醫德，所謂「不是不報、時候未到」。

經過此事件之後，常常會聽到「你去看的那家中藥店確定沒問題嗎？」、「不會把自己吃到有病吧？」、「中藥可別吃到毒藥！很危險。」自己其實多少也會對吃下的中藥感到擔心。

但當對身體狀態有疑慮時，我有時還是會請教中醫師，還好碰到的中醫師有醫德，他和我表示調養雖需要一段時間，且要很多因素相輔相成，除了正確吃中藥，醫師建議不能過度長期依賴藥物，而且千萬不要相信貴的就是良藥喔！醫師還告訴我，最重要的是，要保有健康身心，配合規律運動與飲食等都是不可或缺，中西藥不是萬能，是要正確地使用而非盲從。

東方人愛進補是世界知名，因此中醫師在醫界具有重要地位，如再經過媒體或各式管道的宣傳和包裝，比如哪家的哪位中醫師專治什麼科別、專精什麼病灶、來看就馬上見效等話術，造成有些中醫師門診變成「排隊名店」的奇特現象。中藥的確可溫和促進健康和養身，有些消費者對中藥效果深信不已，如果經由專業醫師建議並調配正確的處方，適量服用應可達其效果。

但，在此案例中您能想像本應該吃補、吃好、吃勇

健的中藥居然是毒藥？長期服用中藥居然是在走向慢性中毒一途？而諷刺的是，這些毒藥還是自己花錢買的。

這次的臺中盛唐中醫事件，也讓消費者了解，不是一昧地追求名醫處方就安全，千萬不能「賠了夫人又折兵」，有很多醫界專家呼籲，無論是何種食物或名貴藥材，在服用上都應適可而止，保持身體健康狀態最重要的是維持良好的生活日常和心情，才是有助於身體健康的最佳良藥。

盛唐中醫診所、九福中醫診所事件

這次發生在臺中市中藥鉛中毒事件，起因於 109 年 8 月初由臺中市議員張彥彤因無故腹痛、失眠、無法排便、想嘔吐，經到醫院急診安排驗血診斷是鉛中毒，他的父親前臺中市議長張宏年也住院，一家四口經由醫院檢查結果居然都驗出「鉛中毒」，經判定都應是吃含鉛中藥材造成，意外揭開中藥粉重金屬含量居然超標案件，萬萬沒想到本用中藥進補養身，卻是在吃「毒藥」危害身體。

據了解，鉛中毒是對人體所有器官都有影響，常見的症狀包括造成腸胃道脹痛或絞痛、貧血、神經受損、肝臟損傷等，也可能造成高血壓、血管硬化等，影響健康巨大。

後來追查臺中盛唐中醫、九福中醫診所開出來的中藥，造成病患服用後集體中毒，有不少病患覺得身體不適主動至醫院檢查後發現，總計有 46 名吃中藥調理身體的患者鉛中毒，經查證發現該中醫院違法使用鉛丹、硃砂入藥，其中 30 名受害人向盛唐中醫集體求償新臺幣 12 億 7 千多萬元。

　　盛唐中醫診所、九福中醫診所開立提供含鉛等自費藥材，造成多名病患血中鉛濃度超標中毒就醫，經臺中市政府依違反醫療法、藥事法函送地檢署偵辦，臺中地檢署偵查認定盛唐中醫診所呂世明、九福中醫診所負責人洪彰宏、中藥商欣隆藥業負責人歐國樑，涉嫌違反藥事法販賣、調劑禁藥及業務登載不實。由於曾前往診所就醫拿藥的民眾不計其數，亦造成許多民眾心理陰影。

　　後來，經由臺中市衛生局初步檢驗張家平日服用的中藥粉，其中健保給付的科學中藥粉末化驗結果全部合格，但自費中藥粉末被檢出含汞及含鉛量超過法令規定 509 倍，不僅鉛含量爆表，汞含量也超標。

　　開立處方的臺中盛唐中醫院長呂世明坦承，額外加入禁藥硃砂，且未依規定記載於病歷，已違反醫師法處以罰鍰及勒令停業處分，全案送往地檢署偵辦中。

為了安撫眾多消費者的疑心和擔心，當時中醫師公會全聯會發聲明表示與本案有關的中藥，均是呂世明醫師所開立「來路不明」的自費藥材，且藥單上完全未載明其所使用的藥名，全聯會指出其他科學中藥及合法中藥材等經市府送驗後並無任何問題，民眾可以安心服用。

團訟結果

　　臺中市盛唐、九福中醫診所涉嫌提供含鉛中藥，造成多名病患血中鉛濃度超標中毒就醫，事件發生後，臺中市政府法制局協調消基會中區分會，協助受害民眾向提供診療藥材的盛唐、九福等中醫診所及提供藥材的欣隆藥業有限公司提起團體訴訟，進行後續求償。

　　消基會協助受害者到臺中地方法院遞狀提出團體訴訟，共求償新臺幣 12 億 7,000 多萬元，消基會指出，受委託提出團體訴訟的消費者共計有 30 人，其中向盛唐中醫求償者有 20 人，另向九福中醫求償者有 10 人。而且 30 名受害者中有多名罹患癌症者，除了因金屬中毒而引起疼痛、手腳麻痺、貧血、煩躁等症狀，還要面對辛苦的解毒過程及醫藥費等經濟壓力。但在 110 年時，因為服用藥物而中毒的病患還在解毒療程中，刑事和民事一審判決也還沒出爐，有名女患者還沒等到判決和賠償結

果已就病逝。

而且經臺中市政府依違反醫療法、藥事法函送臺中地檢署偵辦。全案經臺中地檢署偵查終結，將盛唐與九福中醫診所負責人、及中藥商等，以違法藥事法、供應調製禁藥、販賣偽藥及禁藥、業務登載不實、過失傷害等罪起訴。

如何確定服用的中藥是安全的？

1. 自費藥方要清楚記載品項及來源

民眾到中醫診所看診拿藥，若為健保給付的藥一定是來自 GMP 藥廠的科學中藥，而且藥單會清楚載明，但如果中醫師認為患者的病況需要加強藥效，會另外開立自費藥材，要請醫師清楚載明藥物品項、內容，及提供來源及相關檢驗合格報告，或拿藥單到中藥房抓藥，亦可請店家出示藥品來源及相關檢驗合格報告。

2. 若對服用中藥有疑慮，可送相關單位檢驗

民眾若對服用中藥有疑慮，可將藥粉或藥材送至衛生局檢驗，或民眾也可送民間合格檢驗單位，如消基會，進行中藥重金屬檢測。

檢測重點不是追求中草藥的重金屬含量為零，而是控制在身體負擔的範圍，中草藥不是長久使用就能養生，

適時適量就是最好的方式，藥不分中西，其實任何東西都不能長期、過量使用。

　　總而言之，很多醫師在享有名氣及賺錢之餘，應該更保有從醫最基本的「醫德」，不要鼓勵或遊說患者不必要的消費行為，如果到頭來吃出反效果，醫師和相關人員將會得到應有的懲罰和制裁。

16.臺北林森錢櫃 KTV 大火案

　　錢櫃林森店在消防保養設備維護時，未落實消防設備的基本維護安全運作，不幸引起火災並造成 6 死、67傷的慘劇，發生這起本來應該能夠事先預防的事件，代表經營企業要打造安全的消費環境不應該只是口號，而是要真正落實才能保障消費者權益，同時企業也才能永續發展。

前言：

　　我是個愛聽歌也愛唱歌的人，也常與幾位好友不定

期相約歡唱，或在第一攤飯局結束後覺得不夠盡興，就會第二攤至 KTV 繼續相聚，有時候遇到颱風天放假時，大家更會相約去歡唱，加上 KTV 包廂的隱私感，要怎麼營造氣氛或嬉鬧，讓大家都感到無拘無束。

有次在喝了點小酒後，我想到包廂外部去走動走動，一時之間還真難找到逃生出口，有的 KTV 逃生出口還被放置雜物用品等等，我雖感到擔心，但抱持著一貫的僥倖心態，「哪有運氣這麼背的，應該不會有意外。」就繼續跟朋友同樂。

而且民眾到 KTV 時工作人員都很忙碌，來不及特別提醒逃生出口或草草帶過，一切都以自己看路標為主。

然而，回想起一位朋友跟我分享他遇到的可怕經驗，那天，他和朋友們去唱歌，在酒酣耳熱之餘大家唱得不亦樂乎，忽然大家聞到一股奇怪味道，起初沒在意，想說可能只是門外剛好飄進來的煙味罷了，然而沒多久味道愈來愈濃，開始有人覺得不對勁，打開門一看只見整個場外走道空間煙霧瀰漫充滿燒焦味，所有人瞬間緊張起來。

其他包廂也陸續出現很多人開門出來，在看到眼前的濃濃煙霧後，大家開始感到焦慮擔憂和神情緊張，互

相詢問到底發生什麼事情，但沒有人能給出答案，平常宣導短片常教導遇到這些狀況要怎麼做，可是當真的遇到時，根本沒有心情或驚嚇到不知道要怎麼做，只能呆呆在原地等待答案或回神。

最後，經過短暫的詢問後發現原來是有間包廂有人抽菸，在菸蒂沒有完全熄滅下和其他易燃物接觸而整個猛烈燒了起來，不小心肇事的包廂客人邊滅火邊把門打開，頓時整個走廊及空曠處瞬間煙霧繚繞。

然而，這些煙霧的濃度應該是可以觸發如煙霧警報器、灑水裝置及消防廣播等警示系統，但朋友說在現場發現這些設施都沒有啟動，可見這家 KTV 完全沒有維護相關緊急措施。

事後，這群朋友們去相關單位投訴這家 KTV，雖然不知道有沒有被開罰或要求安裝警示系統，但大家約定不再光顧這家店，後來有次再經過那家 KTV 時發現關門了，大家都很高興，畢竟不把安全放在眼裡的店家，任誰都不會想再去，朋友相聚不僅要享受快樂時光也要有安全保障，一旦發生事故根本不值得。

回頭看，此案例是發生在臺北林森錢櫃 KTV 的火災慘劇，就是因為消防相關設備和工程細節都沒有依照規

定執行，最後導致不幸傷亡。此案例透過新聞轉播畫面看到熊熊烈火吞噬著一切，看到那些趴在窗邊的人竭盡所能想要逃離這場災難，難以想像他們在當下的驚恐和無助。

此案臺北林森錢櫃KTV大火的起因，事後調查發現，在廠商一個不小心的疏忽和政府單位安全檢查時忽略了安全措施，最後導致受害者傷亡。其實仔細探討不少公安意外所造成的死傷，都是事前可以避免，最重要的關鍵在於業者對於公共場所是否重視消費者的權益和有無遵守法規。

聚眾的娛樂場所一點公共安全疏忽往往造成大災難，如何提升各區域營業場所公共安全及強化政府監督機制是刻不容緩的事。

最重要的是，經營者在賺錢之餘應該多花點心思尊重和保障消費者權益，企業之所以能夠發展，不就是靠消費者的支持，難道企業不應該多為他們著想。若是有用心於此，如果加上政府單位能夠落實查核，基本上這種大型公安意外就可避免，否則出事後所造成的死傷，非金錢所能補償。

臺北林森錢櫃KTV大火案例：

109 年 4 月 26 日上午近 11 時，位於臺北市中山區林森北路錢櫃 KTV 發生火災，消防局救出 156 名受困在包廂的民眾，總計送醫 95 名，本事件最終共造成 6 人死亡、67 人輕重傷的慘劇。

　　當時的新聞畫面令人印象深刻並且感到懼怕，林森錢櫃 KTV 大樓外部有人甚至掛在高樓牆外求援，消防局接獲報案，出動包含雲梯車在內的 200 多名警察、義消趕往搶救，最終仍造成 6 死、67 輕重傷的慘劇。

　　事發後在相關專業人員檢查整棟樓的消防警報相關系統後發現，在 26 日上午 9 時裝設電梯工程的工頭進入 5 樓作為儲藏室用的包廂內，將雷射測距儀電池插上插座充電。10 時 52 分儲藏室發出火光，接下來該包廂門口冒煙。據現場生還民眾表示，當時工作人員根本沒有啟動緊急措施，相關消防設備更沒有正常運作，直到其他包廂的客人告知才發現起火，大家慌亂不已且逃生不易。

　　當中很多疏失是非常離譜的，包括排煙、灑水、消防警報、住警器、廣播系統等 5 項消防設備全部都被關閉，這被痛批為嚴重的人為疏失而廠商也絕對違法。經專家現場勘查後分析，這場不幸事件真的不應該發生，因為業者輕忽造成此件悲劇。總結有三大重點：1 、防

火區劃遭破壞，2 、安全門開啟，3. 消防安全設備遭關閉。相關單位針對此次事件所曝露的公共安全檢查制度面缺失及法制面不足處將提出改進方案。

但，紙上作業簡單，口頭報告更容易，希望政府和業者能夠落實執行，而非只是做做表面功夫，以免造成未來更多的類似意外事件。109 年 6 月 30 日臺北市政府來函商請消基會承接團訟。

錢櫃臺北林森店大火釀 6 死，臺北地方法院認為，時任錢櫃林森店店長翁珮雯、副店長張惠純及林森店電梯工程專案負責人黃思銘於民國 109 年林森店電梯工程施工期間，疏未注意消防安全設備無法使用，導致人員死傷。

至於大老闆練臺生部分，北院認為練臺生已依法設置、維護消防安全設備，且基於公司分層負責的理由，不對錢櫃林森店內的消防安全事務負責，因此判決無罪。根據北院資料，此案被害人共 78 人（死者 6 人、傷者 72 人），迪廣公司一併為翁珮雯等 3 名被告與 56 人和解完畢（含死者 6 人的家屬在內），和解金額總計新臺幣 9,010 萬 8,352 元。

17. 臺南維冠金龍大樓倒塌案

　　臺南維冠金龍大樓是一起人為偷工減料，因而影響大樓結構安全而倒塌的不幸事件，受災戶及家屬對相關人員提出 6 件民事求償及國賠案，其中透過法扶基金會提起的刑事附帶民事訴訟。

　　原本受災戶及家屬求償的金額為新臺幣 49 億 9,971 萬餘元，但最後法院裁定金額不盡如人意，受災戶們無奈卻只能接受，如果受災戶能回到原本快樂的生活，他們根本就不想要這些賠償金，也表示不會原諒讓自己家

破人亡的建商。

前言：

那天，臺南維冠大樓忽然整棟倒塌的巨響劃破夜晚，讓此棟住戶的人生自此變調。

在臺南維冠金龍大樓倒塌事件發生前，我與我的朋友有次聚會正討論著 921 大地震突顯出臺灣建築物結構的安全問題，其問題不只是施工、材料、結構及臺灣在整體建築物的美觀等等，過沒多久就發生臺南維冠大樓不幸倒塌，十分遺憾並震撼。

在維冠事件後，有位長期從事建築業朋友感慨的表示：「我不意外會發生像維冠大樓這種事，先不論建築物的外表美觀與否，臺灣的不良建商真的不少，而且偷工減料和整體施工過程如果不夠嚴謹，一旦有什麼天災就會發生很嚴重的問題，有的是遇到小震或大雨後就莫名其妙的傾斜或大樓外磚一直剝落。就單看最近的幾件都更案件，如果在建築大樓時不夠專業或偷工減料，所造成的毀損可說十分可怕，有時還會波及到隔壁建物，有的還會是一整條街，如果不徹底改善和檢討，諸如此類的事未來一定會更多。」

言及至此，朋友表示他們家建案都不是靠價格戰取

勝，所謂一分錢一分貨，他們家族的建築事業是做口碑的，用料和工法都很實在，他們寧可吸引認同的客戶，而不要因為房屋結構發生意外造成負面新聞，那長期經營的企業品牌毀於一旦，以後出門要怎麼面對那麼多的工商界朋友。一個房子是很多人一輩子的努力工作付出才換來的住家，建商的良心還是要擺在獲利前面才是。

所以，臺灣有很多建築物是禁不起考驗的，有些不良建商想快點完工並偷工減料隨便蓋一蓋，賣完獲利達到最終目的，在沒出事前就肆無忌憚這麼做下去，所以建議民眾一定要選擇有信用的建商，而不是用貪小便宜的心態來買房子。

此案臺南維冠金龍大樓轟然倒塌，一瞬間造成整個臺灣民眾人心惶惶，深怕自己住的地方就是偷工減料的建案或號稱豆腐渣工程，在臺灣這個容易地震的區域，如一顆石頭丟進池塘翻起無盡漣漪，所有民眾開始擔憂所住的地方。但，另一方面帶動的效應是，對於想要買房子的民眾會更加注意建商的評價和多方比較，消費者一定要找商譽良好的建商才會比較有保障。

臺南維冠金龍大樓倒塌案件：

大家能想像自己的住家在一夜之間完全倒塌？臺南

維冠金龍大樓倒塌案的不幸事件發生於 105 年的 2 月 6 日凌晨 3 點左右，當時臺南地區發生多起 5 級以上強震，而位處於永康區的維冠金龍大樓，由於大樓不耐強震就在地震中倒塌，房屋全毀，傷者多達 96 人，死亡人數更高達 115 人。

臺南維冠大樓於 1992 年開始起建，於 1995 年完工，為地上 16 層，地下 1 層之建築物，事後經檢方調查發現，維冠大樓結構設計錯誤加上偷工減料嚴重，大幅降低建物耐震力，在地震發生後整棟大樓往永大路二段方向倒塌躺平在馬路上，現場觸目驚心，就如同積木一推就倒塌似的如此輕易。

死亡人數亦超越於 1999 年 9 月 21 日倒塌的東星大樓的 87 人死亡，是臺灣史上因單一建築物倒塌而造成傷亡最慘重的災難事件，經查核近三分之一的罹難者是學生身分，在 115 名罹難者中有 35 人為學生，這些來不及長大的未來國家棟樑人才，就因為不良建商貪財的偷工減料，因而造成不幸殞落的人生，大家都深為痛心，不知道這無良建商能否感同深受。

此次臺南維冠大樓倒塌案災情，突顯臺灣房屋居住品質的結構安全問題，震出老舊與違建房屋耐震能力不

足的隱患與危機再次浮出檯面，一旦房屋結構不安全，造成許多民眾生命及財產損失會是非常嚴重的。此事件更震出無良建商偷工減料和建築法規漏洞，期望相關單位請各界專業人士為廣大消費者的居住安全嚴格把關。

當時，消基會南區分會於 105 年 6 月 13 日就代表參加團體訴訟之受災民眾 90 人，先行向臺南地院提起民事團體訴訟以爭取時效，而市府自 105 年 6 月 13 日呈遞團體訴訟書狀後，再次徵詢其他未參加團體訴訟受災者意願，參加團體訴訟的受災者自 90 人增加至 170 人，請求損害賠償金額為新臺幣 5 億餘元及 5 倍懲罰性賠償金新臺幣 29 億多元，總金額為新臺幣 35 億多元。

至 109 年年初臺南地方法院判決結果，歷經 3 年半的訴訟，共計開庭 18 次，原告得請求給付之損害賠償金額應為新臺幣 4 億 633 萬 5,339 元，懲罰性賠償金共新臺幣 2 億 9429 萬 7,935 元，本案一審定讞。

18. 東高立體停車場火災事件

　　2023 年 1 月初，南韓釜山市中心某住商混合大樓的停車塔清晨 6 時發生嚴重大火，火焰將整棟停車塔的外牆燒得焦黑，消防局 1 小時後才成功撲滅主要火勢，住在 20 層樓的 3 戶人家獲得救援，另外還有 30 人以上吸入大量濃煙，雖然未傳出任何人員傷亡，但全世界民眾對於停車塔的安全問題已經同步擔憂。

前言：

　　「如果停車塔發生火災不知道會怎樣呢？」這是朋

友剛學會開車，正試著把車停進去立體停車塔時與我閒聊的話題，我們兩個相對無語，同時望向高聳的停車塔，好像也只能保佑不要有意外發生，但怎麼能保證呢？誰能告訴我們答案呢？還真的不知道！

的確，在都會中心設置的立體停車塔如果發生意外，不知道有沒有所謂的緊急應變措施，例如最基本的自動灑水系統等，記得很久以前曾經發生東高立體停車場火災，當時在裡面的車子全被燒毀，此事件發生後讓很多愛車如命的朋友，表示以後只敢拚命找平面停車位，不敢停在停車塔裡。

因應國內外各大都會區人口與車輛數量的增加，使用機械式立體車塔、或者把整棟建物的某些樓層改成複合式停車塔，的確可大大改善停車問題，但如果一旦發生意外，造成的財物和人員損傷難以想像，例如以上韓國新聞事件。

由於停車塔大部分皆為密閉式鐵皮建築，當火災發生時大量車輛與油箱內儲存之汽油，燃燒時會產生相當高的溫度，如果引爆油箱後果不堪設想，也因特殊建築結構，使火燒迅速並會持續悶燒很久，但如果產生爆炸而波及到周邊住宅區或商業區，造成的損害和民眾傷亡

更是難以想像。

在臺灣的東高立體停車塔發生火災事件時，我有個朋友就住在周圍，視線清楚的看到整座塔冒出濃濃黑煙，感覺整座塔隨時會發生大爆炸波及周圍建物，還好他的車子沒有停在那裡，否則也變成受災戶之一，但朋友說當時和鄰居都聚集著害怕說，「不會真的要爆炸吧？」他還說，大家都已經開始準備逃離現場了，由於那次場景的經驗，他告訴我一定不要把車子停在停車塔，以我這沒耐心的個性，即便要繞很久才能找到平面車位，也都不在意了。

東高立體停車場位於臺北市東區精華地段，開業已近 10 年，樓高 12 層，火災發生於 89 年 11 月 11 日下午，是由停車場附近民眾發現停車場頂部竄出濃煙，想不到火勢竟一發不可收拾，大量濃煙籠罩停車場，當時停車場唯一的出入通道，兩座停車升降機都已被燒毀。

臺北市消防局趕到現場時，雖然消防車很快到達現場，原本以為救火應該很快就會結束，但因為停車場完全封閉加上風勢強勁，當下竟無法出手救火，眼見整個鐵皮不斷延燒，前後整整冒了一個小時的濃濃黑煙，所幸後來消防隊員的努力，在 4 小時後終於把火勢控制，

但裡面車子全部燒毀。這次大火引發停車業者、消費者和主管部門，對於立體停車塔的安全及管理必須正視。

後續又發生 97 年臺北市八德路立體停車塔火災，密閉式鐵皮建築結構，加上通道與出入口有限的情況，使得消防人員的搶救水線無法直接射進火場內，只能任由火勢悶燒，最終造成數十部車輛燒毀及停車塔全部損毀，所以政府單位應監督相關業者對於車輛出入口數量及通風排煙的要求等問題。

立體停車場俗稱「停車塔」，立體停車塔由停車升降機負責載運汽車，車主只需開到一樓固定位置即可下車，汽車由鐵架運載送入停車位，取車時車主只需在一樓等候，停車升降機會將指定的汽車載送下樓。因應國內各大都會區人口與車輛數量的增加，在停車使用機械式立體停車塔來改善停車問題為一個相當不錯的選擇，是近年來解決停車問題的不錯方案，但如果設備設定有問題，很可能造成很大型的災害。

然而停車塔大部分皆為密閉鐵皮建築，而高度都在10層樓以上，只有一樓的停車升降機有出入空間，發生火災後，這種建築結構會引發煙囪效應，此外，再加上大量停駐的車輛與其油箱內儲存汽油，在燃燒時會產

生相當高的溫度，也會讓消防隊的救火行動變得困難和
危險。

判決內容與結果

東高立體停車塔事發後，消基會協助受損害的消費
者進行團體訴訟，因為多數的車輛全毀，須以車籍資料
計算車輛殘值，作為起訴金額依據，與消費者的連繫過
程及收集資料均不容易，因此訴訟前準備工作即耗時一
年多。

東高公司於 81 年 6 月 25 日向安磊公司購買停車塔
設備，於 82 年 4 月 14 日取得臺北市政府發給之停車登
記證並開始營業，而臺北市政府消防局並主動分別於 88
年 9 月及 89 年 6 月依「各類場所消防安全設備設置標準」
進行停車塔之消防安全檢查均合格，並無安全問題。

但還是發生災難，其停車塔之起火點經臺北市政府
消防局鑑定結果，認為起火點在左塔，且起火原因經臺
北市政府從停車塔本體、車輛因素、管理問題之危險因
素逐一分析研究，有可能是日光燈電源線、運轉系統，
例如滑輪、齒輪及鏈條及車輛「汽油洩漏」燃燒而引起
火災。

在第一審過程中即與東高立體停車場的經營者東高

股份有限公司達成和解，和解金部份依據起訴時，消費者所提供之資料請汽車公會估算之金額分配，多數消費者皆已領回。

19.胖達人團訟案

　　胖達人99年標榜「使用天然酵母、天然萃取香料、天然素材、絕無人工香精」販賣麵包，可笑的是，102年被香港部落客揭發使用人工香精，胖達人雖在第一時間否認，結果被臺北市衛生局戳破，一夕之間的排隊名店變成無人光顧的惡店，辜負了曾經是最愛護和信任胖達人的擁護者。

前言：

　　胖達人曾是紅極一時的麵包店品牌，在當時不只是

臺灣全國人民跟風，更是紅到國外，可說是麵包界的臺灣之光。

想當時，只要胖達人的麵包商品擺上架，民眾便秋風掃落葉般把所有麵包全都搶光，要成功買到熱門商品，都要事先算好出爐時間提早到店門口排隊，晚一步就空空如也。

「今天我有時間，我去胖達人排隊吧！」在胖達人還沒出事之時，我們全家也是胖達人鐵粉，家人還會輪流去排隊，我看到現場很多人如果沒搶到麵包就很懊惱，搶到的人感覺很爽，我也是其中之一。

一開始，此企業老板拍胸脯保證是「天然酵母，無添加人工香料」製作麵包，其標語十分吸引人，由於那時期臺灣有很多食安問題的新聞，所以大家對於食安問題非常關注，因此，隨著胖達人一開始的行銷金句，加上許多名人背書，其產品給人可以吃的安心的印象，胖達人業績和名氣蒸蒸日上，幾乎成為麵包業的龍頭代表。

而就這麼天外飛來一筆，有天來自香港網路部落客的一則評論「胖達人標榜的天然、無人工香料是假的！」這句話引起軒然大波，文字中敘述著對胖達人不實行銷的發現，才層層揭穿真相，起初胖達人可能自以為家大

業大，還不怕這個指控甚至給予反擊，沒有想到在很快的時間內就原形畢露，醜態盡出。

然而，當有人開始了解這個香港網路部落客的貼文之後，發現他的說法並非空口無憑，開始越來越多人產生質疑，隨著事態越演越烈，政府單位不得不深入調查。

結果一查驚覺「天然」不僅全是造假，人工成分使用占比很高，種類更是繁多，來自官方檢定的科學數據，讓胖達人百口莫辯，最後只能承認都是行銷手法而已。

一瞬間，消費者的叫罵聲鋪天蓋地，不論是現實還是在網路上，曾經沾沾自喜為其背書代言的名人宣稱他們是不知情的，但仍造成了不小風波，紛紛都在事件發生之時站出來講說：「我也不知道會這樣耶。」類似這種話，但有多少人是因為這些名人的站臺而信任該品牌而購買。

可是官方檢查結果是不會騙人的，胖達人瞬間變得像是大笑話，最後胖達人的董事長終於承認「廣告不實」，胖達人如同流星劃過，璀璨而短暫，完全不想讓消費者再想起，包括我在內，快速消逝於市場中。

其實，食品若純天然固然完美，若為了好吃加上在合理範圍的人工添加物品也無可厚非，但胖達人錯就錯

在不該一開始就欺騙消費者強調產品是「天然酵母，無添加人工香料」，豈不是將消費者都當笨蛋嗎？

企業對消費者應該真誠以對，企業或品牌將自己產品的內容與實際特色透明的提供給消費者了解，之後所發生的購買交易是消費者的自願結果，就不會有受欺騙的感受。

回想胖達人這句「天然酵母，無添加人工香料」招牌廣告詞，虛假外衣騙了多少消費者的信任和支持，在被揭開真實面後，眾多消費者短時間之內真的無法接受被騙（包括筆者，我們排隊排的很累，為什麼花錢買假行銷產品？）令人唏噓！可惜了胖達人在臺灣創下的烘焙奇蹟。

胖達人一開始用欺騙消費者的行銷手法，導致一夕之間完全被消費者否定，或許食品很難避免香精，如果沒有攝取過量應不至於會有害身體健康或危及性命，但企業為了賺錢用話術欺騙大眾，這是另一個層面的詐騙行為，也會讓消費者對企業的信心蕩然無存。

胖達人事件

パン達人手感烘焙，英文名稱為 TOP POT BAKERY，後來定調為胖達人，臺灣、香港、中國大陸

均有分店。

胖達人是臺灣連鎖麵包店，在 99 年 12 月開幕後，天天每家店都出現排隊搶購熱潮，胖達人吸客、吸金力道超強，分店是一家家開，當時分店有包括：臺北市九家分店、新北市二家分店、桃園市二家分店、新竹縣一家分店、新竹市一家分店、臺中市一家分店、臺南市一家分店、高雄市二家分店。

胖達人也紅到國外，陸續在香港開店，太子店位於靠近彌敦道附近，上海有二家店，一在黃埔區、一在靜安區，胖達人紅極一時，風光無限。

但，所有的紛擾來自於胖達人的重要廣告標榜，是吸引消費者購買的初衷，即「天然酵母，無添加人工香料」，對於當時陸續發生的食安問題，消費者對於食安重視程處遠超越金錢，只要能夠買到健康食品，就可以吸引廣大的消費者們，所以當時大家都認為吃到的胖達人麵包肯定都是「天然酵母，無添加人工香料」。

【以下引自維基百科】

就在 102 年 8 月中，被一位香港部落客 Keith 在網路上發表文章質疑胖達人產品有添加人工香精，造成消費者譁然，而第一時間，胖達人強硬揚言對 Keith 及傳播此

訊息之網民提出告訴，但為了解除食安疑慮，臺北市政府衛生局稽查胖達人產品，發現居然添加 9 項人工香料。

新北市政府衛生局亦查到胖達人外購酵母含乳化劑，就在胖達人自清老半天，但就連號稱自製的「天然酵母」都拿不出任何「天然證明」資料，或製作到發酵連續 9 天的品管紀錄，與先前聲明使用天然食材製造不符，明顯涉及廣告不實，狠狠打臉胖達人「天然酵母，無添加人工香料」宣傳金句，瞬間讓喜愛胖達人的消費者信心完全崩盤。

102 年研發胖達人麵包的「生技達人公司」前任董事長、現任董事莊鴻銘，接受檢察官偵訊時，承認一開始就添加人工香料、香精。103 年 1 月 2 日基因國際發布重大訊息公告，生技達人決議頂讓胖達人全臺灣七家營業據點。103 年 3 月「鼎尚餐飲有限公司」承接胖達人全臺灣八家營業據點並改掛「太陽王路易（Sun Louis）手感烘焙」，胖達人走入歷史。105 年 4 月承接胖達人的鼎尚餐飲有限公司解散。

事發後，消基會接受 1,060 名消費者的委託，提起團體訴訟，總求償金額為新臺幣 2,566 萬元。本案還是

經過近 10 年努力，消基會在臺北市政府法務局的經費補助下，法院裁定生技達人及前後任負責人莊鴻銘、徐洵平應賠償 864 名消費者共新臺幣 342 萬 8,626 元及自 103 年 5 月 20 日起至清償日止，按年息 5%計算之利息。

目前徐洵平與莊鴻銘及生技達人股份有限公司連帶給付金額（含判決金額及遲延利息）新臺幣 4,815,589 元，已全數給付完畢，終為消費者爭取應有權益。

20.康友-KY（6452）案

什麼是 KY 股？

自 109 年康友-KY、淘帝-KY、凱羿-KY 等公司財務業務異常重大案件接連發生後，金管會始針對 KY 公司治理、專家職能、資訊揭露等面向嚴謀強化措施。

什麼是 KY 股？在相關股市新聞或網站中，只要看見個股名稱後面跟著「-KY」，表示這些企業都是在國外註冊回臺上市的股票。KY 是英屬開曼群島簡稱，由於當地政局相對穩定，無外匯限制且不課徵所得稅，有許多

企業選擇在此設籍註冊，但沒有在外國上市交易，而是在臺灣申請第一次股票上市。

只能說，面對各式投資案例，只能再次透過本書提醒各位，「天下沒有白吃的午餐」，大家要保持心中不要有「貪念」，特別是近年來詐騙手法和話術日新月異，投資者不得不多加謹慎。

前言：

「我告訴你，我這兒子真沒白養，讓我晚年不用為錢煩惱過日子，他前陣子把我的錢都拿去投資那個很有名的康友，你們有聽過吧？這康友就一路衝衝衝到高點，獲利多多，所以今天大家不用客氣，要吃什麼就點，我請客。」這是我陪著母親去參加長輩友人聚會，這位李先生在聚餐時豪邁的對談，我們對他孝順的兒子和精準的投資眼光，深表敬佩。

過了一陣子，發生康友案新聞，母親趕快致電李先生關心狀況，對方情緒失控哭著吼說這下什麼都沒有了，不知道應該怎麼辦，老友們紛紛相約去探望他，但由於李先生除了投資存款老本，還把房子拿去低押借款，接下來他要面臨把現居住的豪宅賣了才行，他的兒子本是一片孝心，那知會發生這樣的結果，令身邊的友人們對

這一家人的未來感到憂心，聽說李先生受不了打擊，天天心情低落不已，不吃不喝，不久就生病離世，令人惋惜。

其實，你、我身邊難免有些朋友特別喜歡金融投資，他們總是不停訴說投資可獲得不錯的收益，但我選擇靜靜聽著，但有時不得不和朋友相應幾句，對方總是會很興奮的說，「我告訴你喔，好康的就是看這個⋯」

相較投資部分，我相較保守，由於不熟悉各種操作，更相信天下沒有白吃的午餐，雖然好友常常熱心提供很多資訊，但我卻少有心動，怕一失足成千古恨，看到很多人都因為衝動造成傾家蕩產，甚至在此案中的公司已是在正常運作的股票市場裡，仍會有詐騙行為，讓人不得不戒慎恐懼。

我有位資深媒體好友也曾發生過投資不當事件，他那一陣子好似著了魔，被一位別有用心的 A 老板利用，他聽信這位 A 老板說著頭頭是道的投資與獲利模式，並提供很多知名金融背景專業人士背書，結論是只要相信 A 老板，把錢拿給他便能賺大錢。

在旁人眼裡，包含我都覺得根本天方夜譚，但我那位朋友已是鬼迷心竅，覺得以他自己多年來縱橫各式商

業議題和認識那麼多人脈，眼光肯定精準無誤，那位不安好心的 A 老板還會時不時吊他胃口：「你就慢慢想，有其他人資金進駐就沒有你的位置。」這番話搞得我朋友越發著急，趕快把錢匯到對方說的投資案當中，過程也曾被他的兒子極力阻攔，但朋友還是鐵了心就是要投資，偷偷瞞著任何人匯了不少錢給對方。

匯完款後，很明顯的對方開始遠離他，沒多久直接搞失蹤，朋友衝到對方公司發現已人去樓空，才真的醒悟「被騙」，但已欲哭無淚，急忙打電話告訴我和其他朋友求助時，大家才知道他真的被騙了不少錢，當然第一時間就去報案，但要追回金錢肯定不容易。

一位資深媒體人的自信判斷，還是會誤信詐騙人士精心包裝的設局，但我們仍然安慰他，不幸中的大幸是房子還在，還好沒有把房子拿去抵押借錢算是不幸中的大幸，至少不用露宿街頭。

而我這朋友經歷這事之後，個性有了很大改變，以前固執得無法與人溝通的他，現在反而與他的兒子感情變好，而且很願意聽取其他人意見，不會再盲目相信自己的判斷，並且會常常告訴很多想投資任何案件的人他自身經歷，希望有人不要再輕易相信「投資必賺」這

回事。

　　坦白說，只要是人誰不希望錢愈來愈多？誰不想要一夕致富？最好所有投資都讓我能天天躺著，錢就可以從天上掉下來，但，投資往往沒有想像中的那麼簡單，也不是都會符合我們的如意算盤。

　　近年來，大家有點閒錢之餘，總期望創造多面向被動收益，讓財務順利累積更豐厚且快速，「沒有人會嫌錢少」，造就近年來很多奇奇怪怪的投資項目，並透過各種資訊傳遞，讓想賺錢的人進場進行各式投資，圓個能及早達到財富自由的夢。所以，我們看到各種不同經濟投資模式，以符合眾多投資者的期望或想像，但在創造財富的同時亦要有心理準備，往往風險在一開始都被投資人所忽略，美夢都會先蒙蔽投資者的理智線，做出不明智的決定。

　　這些不肖業者運用人性弱點，集合有資歷的專業人士，步步計畫詐騙無辜但有夢的投資者，加上強大魔音傳腦的行銷手法，讓投資人慢慢掉入陷阱，當有問題時才發現是話術創造出來的空頭夢幻，最可憐的莫過於投資者辛苦存的金錢就這樣一去無回。

　　此案「康友-KY」案，吸金手法和行銷手段最為精

巧，事發後董事長先不見人影，再來公司管理高層全數落跑，大家才知道董事長疑似掏空公司且財報不實。隨著此案董事長落網，希望能夠協助投資者追回投資金額。

民國 97 年開放外國企業來臺上市櫃，截至今年（113 年）2 月底，KY 公司共有 109 家，其中上市 76 家，上櫃 33 家，市值估達 1 兆 6,043 億。不過，因於不少 KY 公司頻頻暴雷，不是傳出做假帳、短線、就是負責人落跑等重大事端，不得不謹慎。

總之，興櫃股票沒有漲跌幅限制，而 KY 股公司在外國註冊登記，資訊相對不透明，無法像註冊在臺灣的公司資訊透明化，為了保護剛進入此領域的投資者，主管機關規定需要有一定的交易經驗方可購買。

康友 -KY 案例

回到 104 年 3 月 25 日知名「康友 -KY 案」掛牌上市，康友 -KY 股價曾在 107 年 10 月 19 日拉抬到 538 元，但因財報有疑慮及董事長疑似偷賣股票而重挫，因質設斷頭的連鎖效應，跌停 14 根。

既使後來臺股突破萬三，但康友股價仍在年線以下，109 年 11 月 10 日，號稱生技股王的康友 KY 爆發掏空案，直到確認黃文烈失聯，高階主管閃辭，加上未交第二季

財報，康友即在 18 日遭證交所停止交易，經由檢調介入調查，董事長黃文烈涉嫌掏空公司遭到通緝。

17 日收盤價為 56.6 元，活生生的從高點起算跌了近九成，讓投資人嚇到吃手手，大家看著近 220 億元市值變成「史上最貴壁紙」。

康友在前董事長黃文烈似有計劃的操弄資本市場下，康友 -KY 成為最短命的上市公司，共有 1.1 萬股民欲哭無淚，10 萬張股票變成壁紙，還有高達 4,393 張融資，約融資補擔保品 4.4 億元缺口隨著下市變成一場空。

康友 -KY 公司前董事長黃文烈，涉嫌以不實財報誘騙投資大眾 201 億餘元，隨後潛逃出境於 112 年 5 月遭泰國警方逮捕，臺灣政府後來將黃文烈自泰國押解返臺，至臺北地方法院歸案，一位曾經佔上各大媒體版面的上市公司老板，最終落成階下囚，何以至此真是感慨萬千。

投資人無言又輸到脫褲的結局，自立救濟並成立「康友 -KY 投資人自救會」，雖然有政治人物在第一時間站出來呼籲臺灣不能變成「全球詐騙中心」，政府和金管會應保障投資人權益和負起相關責任，重建海內外投資人對臺灣資本市場的信心，但理應企業健全的康友，結究還是發生詐騙事件，格外諷刺。

康友投資者成立了自救會，為爭回自己的權益而努力，但這樣金融類似案件通常審理過程非常冗長，團訟案過程不是件容易的事。據資料顯示，康友自救會總召林浚豪曾表示，當初就是看到康友的財報數字健全，加上證交所和知名大會計師事務所的背書，豈有會賠錢的可能？相關資料顯示，二位資深會計師簽證，其中一位是勤業審計部營運長，被視為未來總裁熱門人選，沒想到還是成為臺灣股票史上一場騙局的間接幫兇。

　　消費者應如何自保？任由廣告效益或者知名會計師事務所背書就可以任意吸金，然後被負責人捲款逃走，多少人一輩子努力工作所存的財富化為一場空，這樣欺騙投資者的行為，難道政府無法可管？證期局只有表示，因為 KY 股母公司都在海外，只能透過券商、會計師做監理，主管機關的公權力，恐無法達到有效監理。

21. 頂新黑心油案

　　「民以食為天。」不管你是富翁還是平民、不論位居高低要職，任何人都需要食物才得生存，但如果食物被添加不良物品並長期食用，肯定會影響身體健康，這麼基本的道理，還是有知名的不肖食品業者為了獲利而不顧消費者權益，實為可惡。

前言：

　　臺灣的食安問題近年連環爆，幾起重大食安案件還

都來自於知名品牌的多項產品，讓消費者不僅憂心並疑惑，為何這些知名大企業相關食品一開始在源頭都不會檢查出有問題，還能夠上架販賣好幾年？直到消費者或有心人士的檢舉爆料後，相關單位才被動式檢查，一查之下還真都是天大問題。

身為「一般」大眾無法真正知道到底吃了什麼，更無法了解食品業者在製作過程食安是否百分百安全無虞？原料來自何地及有沒有被污染？食品是否再次被加工和美化？美化的過程加工了什麼？最重要的是，這些不明物質到底對人體有害還是無害？造成的傷害會是什麼？有沒有後遺症？小孩子吃了影響是否和大人不一樣？

種種問題廠商都不會告訴我們真相，都需要消費者靠自己的力量持續關心和追蹤，才能得知答案並下架不良產品，否則食安問題不僅危害自己還有周遭所有人，甚至是我們寶貴的下一代。

此案例是我們最熟悉的「黑心油」事件，說到「黑心油」我想大家或多或少都有吃下肚，因為販售到餐飲業和家家戶戶，範圍之廣幾乎無人能幸免於難。事發在102年大統長基公司被檢舉產品標示不實，經檢測產品

中的特級橄欖油，其橄欖油含量不到一半，該油品被查出添加低成本的葵花油、棉籽油及銅葉綠素調色。

最初大統長基負責人矢口對外強調是百分之百西班牙進口特級冷壓橄欖油製成，沒想到證據擺在眼前且各界輿論沸騰，負責人只能更改說法為因內部管理不周，還強調添加銅葉綠素對人體是無害喔！大家聽到這樣的說詞，真的是無語問蒼天。

我們來了解所謂銅葉綠素，依法規定只能添加在口香糖、泡泡糖、乾海帶、蔬果加工品、烘焙食品、果醬、果凍、膠囊或錠狀食品等，它是油溶性的，但不能加在食用油脂產品裡，因為它可讓劣質油品調色，這應該是經營油品的廠商深知的基本知識吧。

但諷刺的是，大統長基公司還榮獲多項臺灣食品良好作業規範發展協會（GMP）認證，後來消費者對於 GMP 的公信力產生極大的質疑，當時 GMP 協會還出面呼籲不要因個案，而抹煞協會在確保食品安全所做的努力。

沒想到，接著在 103 年陸續爆發強冠及頂新、正義與北海「飼料油」劣質油品廣泛用於全臺食品業、烘焙業、餐飲店、夜市、小吃攤、傳統市場，鋪天蓋地影響

層面之廣大，更是大大衝擊到眾多無辜餐飲業者，因為消費者根本不敢在外飲食，業績下滑造成倒閉潮，大家只能憑自己的認知找產品和資訊以求多福，回過頭想，到底我們吃的黑心油品是什麼製造的，對身體健康有無影響？

至今沒有人或廠商可以給消費者正確答案。

頂新集團黑心油案

頂新集團是以臺灣食品產銷為主的企業集團，79 年魏家四兄弟赴大陸投資，最知名產品就是康師傅方便麵，89 年頂新回臺灣投資，取得臺灣食品大廠味全的經營權、收購臺灣加工油脂公司正義油品、並取得臺北 101 股權等，其事業版圖之龐大遍佈大家的日常生活中。

「你家也是用 XX 黑心油產品嗎？扔了沒？你覺得身體有沒有那邊怪怪的？我就覺得身體有不舒服的感覺。」、「我最近常常拉肚子，你會不會呀？一想到以前吃到的油是這樣製造出來的，就覺得很噁心。」、「聽說我家小朋友學校午餐的油也是用他們家的黑心油，不知道對小孩以後發育會怎樣，好擔心。」、「我最愛吃的夜市我看以後不用去買了，吃到這種油太不健康了，愛吃的下場是愈吃愈慘。」、「我們以後都買國外的產品比較

有保障，臺灣產品真的很不可靠，有什麼食品認證還是沒用，一起黑心而已。」

這是當時黑心油事件正火紅的時候，同事和朋友之間互相討論時常常說的話，在還沒有被踢爆前，民眾不知將多少不健康的油品吃進肚，即便我們已經停止攝取，但或許傷害已經造成，不知道經營者對於影響大多數支持你們品牌消費者的健康和心情，感覺如何？

事件在 103 年強冠被查出收購屏東郭烈成工廠回收榨過的廢油和餿水油，以近三成劣質油混合七成豬油，以全統香豬油品牌銷售。後來業者改用正義油品，但沒想到檢方查獲鑫好公司負責人涉嫌將飼料油謊稱為食用豬油並賣給正義公司，旗下豬油產品有維力香豬油。

再者，103 年食藥署接獲消息，頂新豬油供應商大幸福公司主要產品為飼料油，查出大幸福公司負責人楊振益與前頂新製油總經理常梅峰為舊識，透過常梅峰牽線將飼料油精煉製成食用油出售，並指出魏應充明知大幸福販賣劣質油品，還計畫讓頂新製油成為大幸福的臺灣總代理，真是一整串的上下交相賊。

頂新集團在臺灣食品業和其他產業都深具影響力，特別是食品項目在食安問題發生前，廣受消費者的信任

和購買，沒有想到居然罔顧長期支持的消費者食安問題。

　　頂新販賣相關的油品上架通路遍布全國，特別是很多餐廳及家庭會使用到的，不外乎大品牌知名度夠高，民眾都以為很安全且非常放心的使用，直到被爆出種種問題，大家才驚覺原來大品牌和大宣傳的掛保證不等於優質產品。

　　然而，頂新在第一時間還為油品事件稱自己也是受害者，全面引起消費者強烈不滿進而發動「滅頂行動」，為了平息消費者怒氣，頂新宣布會對消費者的損失負責，並全面退出臺灣油品市場，且成立食品安全革新委員會，委由潤泰集團總裁尹衍樑擔任委員會召集人，以客觀第三者的身分監督頂新的改革，提撥 30 億元成立食安基金，黑心油的傷害已造成消費者對此公司產品的崩盤和健康疑慮，坦白說，事後彌補意義何在？此時才成立的基金公信力亦頗難讓人信服。

　　我們想想這些食安案例，從胖達人到頂新事件，都要等民眾主動踢爆才發現真相，難道這些廠商一開始販賣食品，政府單位都不用查核和檢驗？都要等到輿論壓力才不得不去調查？

　　另一方面，這些知名品牌的老板每當發生事情就會

推說對來源不是很了解？他們難道從來不用了解經營企業的主要原料有沒有問題？再者，對企業生產的劣質食品，消費者食用後會不會有傷害都不用說明嗎？還是自己賺飽後，再去買自以為是更安全的產品？然後不敢食用自家產品嗎？難以理解。

任誰都無法評估人體健康會被劣質油品如何傷害，當然生產的廠商都宣稱這些產品對人體沒有影響，因為身體有代謝功能，可是又如何確定這些疑似有害人體的物質會真正排出？靠著「人體代謝」一句不負責任的話，廠商就可以任意為所欲為？請問，代謝不出來怎麼辦？

另一方面，從頂新案的種種跡象都顯示產品的食安證據不是那麼難被檢測，但是直到好幾年後才被發現黑心油的存在，甚至在出事後，這些廠商的反應差不多都是「沒有證據顯示此產品會使人致死。」看來，臺灣民眾消費權益都只能自求多福。

綜觀所有大型團訟案件，企業在想的解決方案都不是幫助受害者，而是卸責並逃避補償，要不就來個惡性倒閉擺爛，有辦法的就是事過境遷繼續營業，難道這是臺灣企業對待消費者應有的態度和企業社會責任嗎？

頂新黑心油案件起因來自於油品的原料品質是屬於

工業油品，卻透過業者精煉程序和包裝行銷，做成人類食用油品在市場推廣銷售。多少消費者在無意中吃進這樣的油品（包括筆者在內），消費者都成為無辜受害者。

直到最後聽到企業的解釋是，「原物料源頭不是我們能掌握的，加上檢測都合格」，這樣的回答簡直比沒有回答更瞎！細數過往臺灣發生重大食品安全事件，大多在隱藏數年後才被舉發踢爆，更顯示政府對食品安全的稽查與流程把關根本不夠徹底，最後只能由消費者承擔，但全民健康權益的損害，誰能補償呢？

一連串食安問題導致國民對市售食品沒信心，讓臺灣長期打造的國際美食王國名聲蒙上陰影，更重創臺灣製造的產品。

回頭看政府「食品安全衛生管理法」當初立法精神是針對企業產品，第 15 條規定食品或食品添加物若有「有毒或含有害人體健康之物質或異物」、「攙偽或假冒」、「從未於國內供作飲食且未經證明為無害人體健康」等情形，不得製造、加工、調配、包裝、運送、貯存、販賣、輸入、輸出、作為贈品或公開陳列，確保有安全疑慮的東西不允許加入食品，但回到現實面來看，這些法規都好像只是文字遊戲，對於消費者權益就是「一場永遠不

可能贏的戰爭」。

多家列為被告的黑心油業者均明知回鍋油、餿水油及攙混劣質油品均不符合衛生標準，不能供人體食用且對人體健康潛藏危害，竟仍混攙後批售給其他下游業者再轉售或製成食品油供消費者食用，都違反食品衛生管理法。再就頂新進口飼料油因無法出具合格檢疫證明，本應溯源把關的業者，居然可在一審判決全身而退？當時彰化地方法院第一審的判決，被視為國內和國際笑話。

事發當時據資料顯示，消基會凌永健檢驗長指出，酸價是酸的綜合數值，就算被精煉降到合格標準，但是主管單位衛福部、檢調單位應該去釐清有哪些酸在裡面？以及是否可食用？建議未來將「國際間已列入管制或已證明對人體有危害之成分」列入檢測項目，阻絕不肖廠商為賺黑心錢找漏洞的方式，進而戕害消費者的健康。

頂新製油案案件結果：

頂新劣油案在經過調查後，在第一審經彰化地方法院以「證據不足、沒有具體證據」判決頂新魏應充等 6 人一審無罪，引發全民譁然。

一開始彰化地方法院合議庭認為，檢察官無法舉證

頂新自越南進口的油品取自病死豬、未經檢疫等非健康豬屠體，也沒有證明大幸福公司的油品是市場的回收油或餿水油。另據鑑定人證詞「原料油精煉」本就是食品工業正常程序，精煉後符合國家食用標準即可作為食用油。法官強調：「酸價不代表腐敗，重金屬可再精製達合格標準等」因而依據「無罪推定」原則，判6名被告無罪。

加上臺灣跟越南無邦交，檢方無法第一時間取得「關鍵證據」，所以大幸福公司自越南進口非食用油及可能有問題的豬油，就是規避法令對食品之查驗，未經食品檢驗管制，本就不能供人食用，但食品由企業精製後品質符合標準就可以，不就把違法販賣食品原料行為轉認為合法，後續恐造成臺灣食用油安全永無止境的後遺症。其實我更很好奇，他們這些相關調查人等是否還會繼續使用頂新的產品？如果本來就在使用，不知是否會馬上扔掉。

在結果出來後，大家對法官素養和專業能力大感懷疑，法官應該要具備負責的專業能力和公正態度，與時俱進做出合情合理的判決，為社會帶來正面影響，如果遇到「恐龍法官」無法做出與時俱進的判決，民眾將

會承擔巨大後果，而人民對臺灣的進步和法制亦會失去信心。

或許未來可加速推動公民參與公開透明的審判，讓公平性不再因人設事，而是具體落實公平正義。

後來，檢方上訴二審臺中高分院後，二審合議庭認為食品從原料到成品的所經過流程均需符合食品安全衛生及品質標準，除供人食用的產品需符合國家所規範的檢驗標準外，供製成產品的原料及其製程均需符合相關規範，才能供人食用，二審認定依照最高法院決議《食安法》只要是攙偽、假冒就是犯罪，高等法院臺中分院改判魏應充 15 年，其中 6 年得易科罰金、9 年不得易科罰金。臺中高分院指出頂新高層可預見大幸福公司所販售原料油欠缺可供人食用品質，加以精煉製成食用油產品販售，嚴重影響民眾食品衛生安全及消費者權益。

104 年儘管消基會為受害的消費者進行團體訴訟任務，包括頂新、強冠、正義與北海四家上游油品業者，都被列為團體訴訟的被告，於加計懲罰性賠償金與精神損害賠償金後，消基會向法院提起告訴對其相關廠商等共 51 家業者做連帶求償，本件訴訟在加計懲罰性賠償金與精神損害賠償金，求償金額新臺幣 1 億 8 百多萬元。

據資料顯示，黑心油團訟案之各個被告業者因販賣黑心油品大賺暴利，其中強冠與相關公司之不法所得共約新臺幣 3,805 萬元，北海與協慶公司之不法所得共約新臺幣 7,722 萬元，頂新不法所得約新臺幣 4 億 4162 萬元，正義公司之不法所得約新臺幣 32 億元，加起來近新臺幣 38 億元。

　　但，受害消費者對各被告公司全部求償金額僅有新臺幣 1 億 8 百多萬元？是否一點都不符合比例原則？但民眾要的不是金額，是公平正義對待和食安期望，如果這種危害消費者權益和健康的案例都可輕判，那以後是否會給不良食品業者更多發揮空間，反正「賺比罰還多」，對於保護消費者權益和臺灣的食安問題難有幫助。

22. 雄獅旅遊個資外洩案

　　近年來，很多知名企業的資訊系統遭駭客入侵，竊取顧客的身分證等個資，有些企業表示資安團隊查知遭受駭客網路攻擊時，隨即啟動相關防禦機制，認為第一時間已在官網或傳訊息主動告知消費者，就將資安問題視為事不關已並且推諉責任。

　　但，並非所有消費者都能透過企業通知的方式得知個資遭外洩，以致仍有消費者受到詐騙，面對目前的各式個資外洩狀況，呼籲民眾一定要當心來路不明的訊息，

並且再三查證為上策。

前言：

　　網路日益發達，加上疫情爆發期間民眾都宅在家，消費行為瞬間改變，民眾隨時透過網路購物或線上支付生活民生費用等，輕鬆經由網路交易完成。

　　目前雖然疫情告一段落，但消費者購物模式從以往到實體商店選購物品，快速變化到從網路線上選購和交易，這種線上消費行為已成趨勢。

　　然而，線上購物都需要建立客戶個資，還要有信用卡號碼才能完成線上交易，因此在網路世界的個人資料保護就顯得愈來愈重要。但，這也延伸出一些不肖業者，結合強大專業的資訊能力，將線上交易的企業資料庫破解並竊取個資，這對於駭客和詐騙集團而言是龐大的「商機」，當個資到手後，就開始進行各種手段和話術詐騙金錢，不法獲利驚人。

　　在有利可圖的驅使下，近年來新聞事件中時常看見大型企業被駭客入侵且竊取消費者個資的報導，加上有心人計畫性運作，或是直接威脅企業，或是直接詐騙無辜消費者，都造成受害者在經濟上的巨大損失和普遍性的社會恐慌。

本人我也是線上購物狂熱份子，曾經在某家知名網站商店買衣服後，隔天就接收到疑似詐騙份子打來的電話，一通未曾見過的電話，接起來就喊我「姑姑」，我不加思索就掛掉電話，因為我侄子不會叫我姑姑，而是直接叫我本名，後來此人也沒有再次撥打電話，我也馬上把此電話號碼封鎖。

還有一次，也是我在線上購買家用品，隔天就接到未顯示號碼的電話，打來講些文不對題的話術，並告訴我消費上有什麼錯誤需要核對等；為何我會懷疑對方是詐騙份子？因為雖然他自稱客服但應對口語和方式不像客服，後來我馬上表示不方便講電話並隨即停止通話，以避開詐騙風險。

但不是所有人都能隨時注意這樣的事情，還是會認為「買個東西就會被詐騙？不會吧。」、「詐騙不可能發生在我身上，我那麼精明，怎麼可能。」如果抱持這樣的心態便是弱點，很容易就掉進對方的圈套，事實上，詐騙事件在生活中常常在發生，我們周邊的朋友也時有案例，不可不謹慎。

然而，難免還是有周遭親友中招，我阿姨便是其中一位，前陣子她剛完成一筆線上購物，沒多久她接到電

話，對方清楚描述她最近買了什麼物品，金額、出貨地點、收貨地點、訂單編號，甚至過往訂單紀錄，對方告知由於交易有點狀況請她再次匯款，這下阿姨完全信任並依照話術指示匯款，短期內一次又一次，若非姨丈及時發現，肯定還會噴飛掉更多金錢。

事後，阿姨知道真的被詐騙，沮喪懊惱不已，但我們鼓勵她還好金額不算太大，不至影響生活，後來阿姨轉換心情，正面思考，以做功德的心態常常熱心提醒別人當心詐騙，並且以自己受騙做為案例。

其實，詐騙集團精益求精，很多話術和巧思讓人當下不會想到要及時進行確認，因為對方提供有關你的訊息都是正確的，所以我們還是要格外提醒自己，接收到不確定信息後，主動求證會是最好的自我保護方式。

當然，企業與政府單位在對於相關網路的防範與規定也日漸嚴謹，但之於有利可圖的人士而言，所謂「道高一尺，魔高一丈」，沒有什麼是密不透風的牆，最危險的是一般企業在個資防衛提升速度追趕不上破解速度，或因公司不想花費成本建置完善的防護系統，其實發生大量個資外洩對於企業信譽不僅有損傷，更可能經由商業賠償造成破產，因此業者需善盡網站資訊安全維護責

任，以免讓消費者個資被竊取而受害。

此案例是雄獅旅行社外洩 36 萬筆旅客個資，由消基會提起的首宗個資團體訴訟，此案共有 24 個人遭歹徒詐騙，金額共達新臺幣 315 萬元，甚至有單一受害者損失高達新臺幣 68 萬元。

對於因個資外洩導致消費者受害所提起的團體訴訟，這是第一宗案件，也代表消費者保護沿革從實體商品服務推進到網路時代，呼籲政府相關單位應盡速制定保障消費者權益更縝密的法案。

更重要的是要落實法案，讓企業重視資訊安全，更應把保護和保障消費者的個資權益視為企業核心任務，否則一旦個資外洩很容易造成雙輸局面，保護企業也保障消費者資訊安全，彼此才能雙贏，企業才能永續經營。

雄獅旅遊個資外洩案

消基會提起首宗個資受害者團體訴訟，是 106 年 5 月雄獅旅行社外洩 36 萬筆消費者資料，此案深具個資團訟案的代表性，倍受消費者和社會各界的重視。

起因來自雄獅旅行社遭到不明駭客入侵該公司資訊系統，造成旅客個資約 36 萬筆資料外洩，駭客入侵竊取旅客購買機票、訂房或自由行訂單等資料，被竊資料可

能涵蓋旅客姓名、聯絡電話和購買商品內容，接下來有部分消費者接到假裝是雄獅員工的詐騙電話，因而受到財產損失。

後來，此次共有 24 位受害者遭歹徒詐騙，受騙金額高達新臺幣 315 萬元，有單一受害者損失新臺幣 68 萬元，經業者與消費者協調後，結論難令人滿意，所以由消基會站出來為受害者提出團體訴訟，在整合資料和評估後，消基會代替被害人向雄獅求償新臺幣 450 萬 9,579 元。

基本上，企業對於消費者個資保管，是依個資法第 27 條規定需採行適當安全措施，防止個人資料被竊取、竄改、毀損、滅失或洩漏，並應於內部管理設定所屬人員控管其接觸個人資料並進行資料加密，亦為企業愈來愈重要的環節。

此案件因詐騙集團掌握消費者精準行程資訊，導致消費者採信受騙，故雄獅旅行社應依個資法第 29 條第 1 項規定，對於消費者因此遭受詐騙電話而匯款之金額，負損害賠償之責。因為雄獅旅行社未能依個資法保障消費者個資安全，洩漏消費者個人資料導致消費者損失，讓相信雄獅而給予個資的消費者，不幸變成受害者，此案成為臺灣首宗個資團訟案件。

但雄獅亦主張，旅客個資會外洩是因為境外不法人士惡意攻擊員工電腦，不代表違反個資法且事發後立刻公告，已善盡善良管理人注意義務，也以電話、簡訊通知客戶注意避免詐騙，盡最大努力維護客戶權益。

所以雄獅也是「受害者」，雖說企業主一定也不想受到駭客攻擊導致個資外洩，苦心經營的品牌更會因此一落千丈，但有時往往一不小心就會發生。

消基會資料顯示，本案發生後消費者紛紛致電諮詢及申訴，到同年 8 月 31 日止，接獲 12 位消費者完成申訴程序正式進案，發函雄獅旅行社提出解決方案，但雄獅旅行社認為作業系統均設有防火牆及多層驗證防護措施，非故意造成消費者個資外洩，此事非旅遊消費糾紛，所以拒絕賠償此案消費者的損失。

後來，消基會經由消費者告知後得知，雄獅對此案提出解決之道為未來 1 年內消費者或一等親屬參加旅遊可享員工價，另提供新臺幣 2,000 元折價券的方案，因協調未果，消基會決定為受害消費者提出團體訴訟。

士院則認為，雄獅提出個人資料安全維護符合規定且遭第三人惡意入侵並非管理不當，加上消基會無法證明詐騙與個資外洩間的因果關係，基於求償無理由，結

果判雄獅免賠。最後雄獅團訟案在 109 年 7 月 7 日於臺灣高等法院民事庭成立調解，於 8 月中旬寄出消費者領取通知，9 月中旬消費者皆申請領取於月底核發完畢。

相關法案參考

「電腦處理個人資料保護法」自 84 年 8 月 11 日公布施行，後更名「個人資料保護法」，但企業對於個人資料的保護觀念始終未見成熟，多認為個資外洩是他人不法犯行，企業不需負擔法律責任，所以根本不怎麼重視個資問題。

但，依據現行「個人資料保護法」第 29 條第 1 項前段明文規定：「非公務機關違反本法規定，致個人資料遭不法蒐集、處理、利用或其他侵害當事人權利者，負損害賠償責任。」第 27 條規定：「非公務機關保有個人資料檔案者，應採行適當之安全措施，防止個人資料被竊取、竄改、毀損、滅失或洩漏。」

加上行政院交通部觀光局在 104 年制定「旅行業個人資料檔案安全維護計畫及處理辦法」第 4 條規定：「旅行業應確認蒐集個人資料之特定目的，依特定目的之必要性，界定所蒐集、處理及利用個人資料之類別或範圍，

並定期清查所保有之個人資料現況。」處理辦法第 14 條第 2 款規定:「旅行業應採取下列資料安全管理措施:針對所保有之個人資料內容,如有加密之需要,於蒐集、處理或利用時,應採取適當之加密機制。」

以上規範,雄獅旅行社對於消費者之個人資料保管,本應採行適當安全措施,然而顯然未依個資法及處理辦法規定進行處理,企業在經營而產生客戶個資時,自應為消費者個資受到保護機制,而不是在出事後表示「我們也是駭客入侵的受害者」,這樣消極的態度和處理行為,對於品牌形象將會造成不良後果。

23.塑化劑案

　　塑化劑風暴在民國 100 年間喧騰一時，消費者一時之間都在想，自己不知道吃了多少相關物質？也不知道對身體會產生什麼後遺症？未來還有什麼是可以安心食用的？

前言：

　　「塑化劑」一詞想必現在大家都不陌生了，是近年來最關注的食安重點之一，也是消費者極力避免吃下肚的壞東西。

記得剛發生「塑化劑」事件那一陣子，大家上班時都會互相詢問，「我覺得我每天買外食應該吃了不少塑化劑，我會不會得癌症？」、「到底什麼是安全可吃的？」、「我肚子痛痛的，會不會和塑化劑有關？」、「我的小孩不知道會不會吃了塑化劑長不高？怎麼辦？」，大家問來問去、想來想去，但都不知道如何是好，答案在那？有沒有解決方案？既無奈又無解。

　　很顯然，社會眾多輿論和擔憂聲量之大，可見民眾是完全不採信法官所說的「塑化劑可代謝」那種奇特理論，「塑化劑」在法官心中認知的是認為人體可以正常代謝處理掉，所以塑化劑存在與食用是沒有問題的，這是什麼神邏輯？法官居然轉身變成兼具專業醫師擁有的判斷能力？並且了解人體功能？我原以為法官專業的領域是法律，何時能夠兼職醫生？

　　更可笑的是，當初立法明令禁止添加該物質，這時卻又說沒有問題，這不是狂打自己嘴巴，看來只有法官和當事人不想聽到、看到事實，這讓本案的宣判變成笑柄，只剩下消費者滿滿的無言和無奈。

　　塑化劑事件的發生讓全臺消費者人心惶惶，消基會出面受理 500 多個受害民眾展開團體訴訟，向造成此事

件上游廠商昱伸及賓漢等公司求償新臺幣 24 億，但新北地方法院判決被告只需賠償 120 萬，主因是法官以「衛服部的食品衛教手冊」內容為由，認為塑化劑對人體有害，但會隨著人體的新陳代謝而排出，所以不會造成人體健康的危害，因此駁回醫療、精神賠償等費用，也未對廠商違反食品安全法等行為判處懲罰性賠償。被告昱伸公司後來也以「衛生署宣導」資料，為自已辯護塑化劑不至於對人體造成危害，但遭法官駁回。

臺灣頓時陷入巨大食安魔咒，從塑化劑開始一路到頂新黑心油案，都是知名大企業上榜，而且他們的產品有可能都是消費者天天都會食用到的，很特別的是，這些大企業都能夠逃過官方號稱嚴格的檢查。除此之外，在出事後，企業面臨任何危機狀況似乎都能處理得宜，並發出義正詞嚴的聲明，這樣食安的事件，往往消費者舉證不易，無法證明食品成分能「直接」造成健康危害，才是這些不法廠商能夠逃避責任的關鍵。

最有趣的是，臺灣的法律是在保護懂法律的人嗎？所以企業在搞什麼好像也沒辦法制裁，只能任由他們各種作為，消費者就像是實驗室裡的白老鼠，不禁讓人擔心臺灣民眾食安的未來究竟在哪呢？

這幾次食安真相被挖掘出來之後，回頭看都不知道是發生了多久，消費者也不確定吃了多少，更弔詭的是，這些應該都是平常檢查及慣例措施就能早期發現的。所以這些企業應該很清楚有什麼成分或添加物的存在，但跡象顯示有些企業似乎不在意消費者的飲食健康，然而，許多食品能夠販賣，需要經過相關政府單位的把關，官方的檢查應該更加嚴謹，沒道理讓黑心食品四處流竄。

如果最初實質把關能做到，加上法令明確規範，這些有問題的食安商品怎可能上架並且危害消費者的健康呢？

塑化劑案例

在 100 年大家開始發現和探討「塑化劑」這個名詞，因為它被大量報導及關注，更重要的是大家把「塑化劑」吃下肚，不知道吃了多少和多久。

由於「塑化劑」被無良廠商違法添加在食品之中危害人體健康，受污染的食品包括多家運動飲料、酵素飲品等知名產品，政府緊急要求商家下架、回收包括果汁、果醬、濃縮果漿、水果粉及優格粉等產品，這些產品消費者食用眾多，受害者人數極廣。

檢調追查原料供應商源頭，主角們是知名的「昱伸」、「賓漢」、「金果王」等大廠，牽連範圍甚廣。因此

消基會接下塑化劑團體訴訟，於 101 年 3 月 15 日替 569 位消費者向源頭及下游廠商共 37 家業者提起訴訟，總求償金額約新臺幣 78 億元，後減縮為新臺幣 25 億元。

但，一審判決結果卻僅依消費者當初提供之購買證明所載金額予以賠償，共計判賠新臺幣 120 萬元。一審之判決結果不但判賠總額相差甚遠，法院更依據衛生署國民健康局「食品中塑化劑汙染衛教手冊」，認定塑化劑短時間內可排出人體之外，不致對健康造成損害，因此判賠金額實等同於消費者購買商品之價金，其餘之精神慰撫金、醫療費用等懲罰性賠償均被駁回，我們這些無辜的消費者是不是有夠可憐？

消基會在 103 年上訴，經由二審審理過程，總求償金額為新臺幣 23 億多元，二審判決結果，除了一審所判賠的新臺幣 120 萬元之外，再獲勝訴判決新臺幣 274 萬餘元，合計約新臺幣 394 萬元。二審高院認定食用含塑化劑產品之消費者，因身體健康受損而有精神上的損害，得請求非財產上損害及懲罰性賠償。

單就於，塑化劑對於人體可能造成之身體損害，及其連帶影響消費者之精神損害，高院予以認可，這是令人欣慰的結果，因為推翻一審判決「人體可代謝」的論點，也是對於之後的黑心油、胖達人等食安團訟案，最

有力和有智慧的先例。

　　未來，期待臺灣各級政府應該與時俱進，很多觀念和作法必須隨著時代改變，才能符合現在社會和人民之需求，更要有良心為人民的健康把關。

　　順便一提，此案當中統一、大漢酵素等企業也對昱伸公司提出違法添加塑化劑產品的訴訟，分別獲賠逾新臺幣 7,340 萬元與新臺幣 3,383 萬元，但對於消費者部分，多數因未提出發票等佐證，消費者主動送檢產品的檢驗費、健康檢查費等行為，法官認為並無必要，至於醫藥費、減少勞動力損害、增加生活上需要的費用及其他賠償等四項，消基會因未舉證損害內容及金額，法官也判不賠，表示我們消費者的權益真的不受重視。

　　所以，消費者在「塑化劑團體訴訟」的金錢賠償已是無語問蒼天的結局，但其正面效益是，塑化劑事件有效推動《食安法》的修正，讓每人每事之賠償金額也於數次修法中逐步提高。如同此案於高院二審判決，應已參酌《食安法》修法精神，同意判准消費者之精神損害與非財產上損害，相信在有心人的共同努力下，對於未來發生的食安案例更能保障廣大的消費者，不要輕易讓業者得以推脫和卸責。

24.臺灣美國無線電公司 RCA 污染案

　　RCA（Radio Company of America）案是臺灣求償人數最多、擴散效應最大的工傷案件，RCA 自 59 年因在廠區違法傾倒、排放有機溶劑等有毒廢料，員工長期飲用受污染地下水和吸入有毒氣體，導致約 1,300 名員工罹癌，200 多人死亡。

　　雖然在 81 年關廠、資遣員工並賣地，卻把錢全匯出臺灣，83 年案情爆發，87 年受害員工組成自救會，簡稱「RCA 員工關懷協會」，陸續向法院求償，但對於人體的

傷害和土地永久的污染，真不知道應如何量化？

前言：

美國科技和產業發展在以前的確引領世界潮流，當時吸引不少有能力的專業人士爭相到知名的美商公司工作，以期發揮所長和得到不錯的薪資待遇。

可是，「外國的月亮真的比較圓嗎？」這個案例是臺灣人民被迫要承受的重大災難，此事件我們應該都要世世代代謹記，不能被遺忘的事件。就是發生在 59 年臺灣美國無線電公司（Radio Company of America）來臺灣桃園設廠，造成重大的臺灣土地污染案。

據當時住在附近的居民表示，那時候 RCA 來臺灣桃園設廠，當地人都好高興並深感榮幸，一個國際知名外商公司來到桃園設廠，對於整體周邊經濟效益是很不錯的，所以 RCA 企業的進駐很順利且事業發展也很不錯，然而，萬萬沒有想到頂著國際級企業的光環，幕後卻一直在排放著沒有經過處理並危害人體的重金屬汙水，任其肆意直接污染當地整個生態環境，深知內情的高層們卻默默無語。

這些汙水不是一般的廢水，而是含有致癌物質的水直接被排放到地下水系統，而地下水又會被當地居民使

用，最嚴重的是在工廠內的員工隨時都會接觸到這些水源，大家都處於被污染的環境之中但卻完全不知，RCA真是一家十分惡質的不良企業。

臺灣人民質樸善良和有著刻苦耐勞的工作精神，在那個時代能應徵到知名的外國企業任職真的頗為神氣，但沒想到根本不是這麼一回事，RCA就是一個無良企業，其所做所為直接危害到寶貴的身體健康，而且不是金錢可以換回來的。

因為該企業某些高層明知故犯的行為，讓廠內工作的員工健康及當地珍貴的環境資源造成不可逆的傷害和損失，請問人的身體健康和環保破壞應如何量化？要怎麼賠？美國國際級的企業到臺灣設廠爽爽賺錢，卻留下大量污染拍拍屁股溜走倒是很乾脆，這是什麼道理？然後，真相到底是什麼？廣大的受害者能怎麼辦？有解決方案嗎？我們受污染的土地怎麼回復？

這個惡劣的事件造成人和土地長久影響，當地的水源出現污染後，民眾開始不敢喝當地的水，無法回到原本的生活品質，當地居民說，他們不要一毛的金錢賠償，只希望能夠回到以往的生活，也不用對水源和周遭土地提心吊膽，但誰能給他們答案？

人生而平等但卻要面臨如此恐懼的生活，然而美國 RCA 仍力主自己清白，當時很多居民都因為企業的不良行為而染上不可逆的重病，更別說在廠內的員工狀況有多麼慘烈，因此希望判決能夠還給他們公道。

事實上，很多在當時受到傷害的民眾都已經因病過世，無法撐到正義來到的一天，正義真的來的太遲、也太不公平，大家根本不是想要什麼鉅額賠償，只想要讓惡人受到應有的懲罰，畢竟這些病症帶來的身體痛苦還有心理煎熬，是難以承受的，更不用說還有很多人的青春年華就這樣逝去，只能說無良企業真是可惡，而且還是美國來臺設廠的大企業，讓人不禁懷疑根本就是有預謀性的來臺設廠，並從一開始就打算不負責任。

而這家公司對於自己排的「毒」不是不知情，而是選擇裝聾作啞，因為污染的土地不在美國本土而是在臺灣，如果此事件發生在美國當地，不知要賠償多少費用。

說到底，只能感慨這種無良企業真的讓人非常害怕，怕的是他們毫無人性底線，道德淪喪的字眼和感受對這些獲利者而言絲毫不重要。

類似這種案件若發生在美國，通常都會選擇訴訟前和解，因為公司怕會留下案例，但臺灣有心的各界專業

人士認為美國 RCA 一開始就賭臺灣司法不會判他們輸，資方到臺灣賺錢卻留下污染和受病痛的員工和居民，加上審理過程漫長又心酸，但受害者與律師團爭取的不只是金錢賠償而已，最重要的是，我們要一個屬於臺灣土地的真相與公道。

但，臺灣號稱是民主、自由、有法制的國家，難道就沒有辦法管管這種只賺錢卻不道德的事件嗎？還是只要遇到是美國大財團整個政府就會龜縮？還是要等到更多的人命犧牲品，才能影響判決？如果無法可管，這些企業造成的各種傷害，有一天就會默默的降臨在你、我身邊。

話說在那個年代能進到知名外商國際級企業工作，真的是一件很不錯的事，臺灣員工發揮刻苦耐勞的工作精神，但這家公司居然有計劃性的秘密排放出有致癌風險的物質於工廠的地下水裡，如果是住在廠區內的員工，還會使用那些地下水洗澡，由此可知大家都身處於高危險的「毒」性環境中。

還有，當時每天進到職場環境裡工作，就是在吸「毒」或吃「毒」。不覺得很恐怖嗎？這卻是真實發生在 RCA 污染案件裡，當時在這裡工作的所有員工及周遭居

民都被廠商刻意隱瞞，都是每天過著有「毒」生活的無辜受害者。

直到後來，87年RCA桃園廠受害員工宣布籌組「RCA污染受害者自救會」，並打算對RCA提告求償，自救會籌備完成後，正式登記「桃園郡原臺灣美國無線電公司員工關懷協會」，簡稱「RCA員工關懷協會」或簡稱「RCA員工自救會」。

經過長期的抗爭，過程之中都有代表性的進步，唯有堅持如此，臺灣對於人民的各項保障和權益才能更與時俱進，特別是對於員工福祉，企業主管們千萬不要再存有僥倖心態，要有良心把員工視為重要資產，要知道員工才是讓企業進步和永續發展的首要關鍵。

隨著社會進步及專業人士和團體的努力爭取，一次次讓團訟受害者權益獲得更周全的保障，加上有許多媒體不斷的關心和追蹤，讓這場遲來的正義總算是來到了，只能說「不是不報，是時候未到」。或許很多受害者因病等不到結果而離開人世，但該推進的公平正義，大家還是要持續做、用心做，同時謹記於心。

臺灣美國無線電公司污染案件：

臺灣美國無線電公司污染案（簡稱RCA），又稱

RCA 事件、RCA 污染事件、或 RCA 污染案，是發生於桃園市區嚴重土壤和地下水污染公害案件，從 59 年到 79 年，前後污染時間長達 20 年，也是臺灣最大的一起工殤團訟案件。

RCA 曾經是美國家電第一品牌，主要生產電視機、映像管、錄放影機、音響等產品，在臺灣經濟起飛的 59 年至 81 年期間，RCA 在臺設立子公司「臺灣美國無線電股份有限公司」，並在桃園、竹北、宜蘭等地設廠，並將桃園廠設為總廠，廠房占地約 7.2 公頃。

RCA 生產時違法使用有致癌風險的三氯乙烯，直接排放並汙染地下水及土壤，員工們在工作環境完全無防護設施，加上這段期間不斷造成自然環境、員工和居民不可逆的傷害，損失無法評估量化，後續廠內有至少有將近 1,400 名員工罹癌。75 年，RCA 被奇異公司併購後繼續生產電視機之電腦選擇器，77 年法國湯姆笙公司再從奇異公司取得 RCA 桃園廠產權。但在 80 年，湯姆笙公司發現廠區已被有機化學廢料排入廠區造成污染。81 年湯姆笙關閉桃園廠，並將 RCA 桃園廠廠區土地所有權出售。

直到 83 年臺灣 RCA 前任員工向當時環保署署長舉

發，在眾多證據指證之下，正式舉發RCA桃園廠長期挖井傾倒有機溶劑等有毒廢料，導致廠區之土壤及地下水遭受嚴重污染，引起一片嘩然。

環保署隨即委由具有經驗的團隊率隊進入場址進行調查，現場具體證據證實該廠土壤及地下水確實被污染。此外，調查後發現主要污染物為二氯乙烷、二氯乙烯、四氯乙烯、三氯乙烷、三氯乙烯等，都是當時電子業常使用，具有揮發性之含氯有機化合物，此時在廠內工作的員工和當地居民才知道長期暴露在有毒物質的工作環境或飲用有毒地下水，對人體健康深具危害，情何以堪。

受害員工因而組成關懷協會（自救會），控告他們明知有三氯乙烯、四氯乙烯等有機溶劑具有高度致癌風險，卻不善加處理並隨意傾倒，嚴重污染土壤與地下水，而且公司刻意隱瞞真相，員工長期飲用廠區用水，呼吸於有害空氣之中，關廠之後罹癌員工高達1300多人。

RCA在事情爆發後，還稱使用的溶劑符合最先進水準，也未讓工人暴露在三氯乙烯環境之中。後來，在84年購入此地的宏億建設已準備委託律師在湯姆笙公司註冊所在地的美國德拉瓦州提起訴訟，控告湯姆笙公司詐欺等罪名。85年在環保署的壓力下，奇異公司與湯姆笙

公司進行 RCA 桃園廠廠址污染調查，並花費新臺幣 2 億多元進行土壤整治，後來根據奇異污染整治達到核定之基準有困難。直至目前 RCA 舊廠址仍然一直閒置著，這樣一大片土地隨著時間流逝無法開發建設，不斷累積無形巨大的經濟傷害和社會成本，請問，這些損失要算在誰的帳上？

RCA 是臺灣真實版的「永不妥協」：

臺灣 RCA 案件，如同美國欣克利地下水污染事件，欣克利事件後來拍成電影「永不妥協」，而臺灣 RCA 案件如同臺版「永不妥協」。

稍微回顧美國電影「永不妥協」的劇情，描述一位在律師事務所上班的單親媽媽艾琳，查出太平洋煤氣電力公司（PG&E）排出含有六價鉻重金屬，可能是造成當地居民罹患惡性腫瘤的重要因素，在她的努力奔走並鼓勵居民站出來之後所努力獲得的成果，這起法律訴訟案最後讓小鎮居民獲得 3 億 3,300 萬美金，是美國史上最高額賠償金。

當然，受害者在一開始都會擔心和大企業對抗根本沒有贏的局面，更怕受到大企業運用豐富的人脈和資源來找麻煩，相對於臺灣版 RCA 案例也是同樣狀況，有些

無良企業的確就是擺爛或力抗正義力量。

隨著資訊透明化及堅信公平正義不容被摧毀，大家只要在正確的路上有著共同的信念堅持奮鬥，最終定能獲得公平正義，更能展現團體訴訟的力量。

這次 RCA 案件的正義判決，已不是金錢數字可以衡量，對於很多受害者或他們的家人而言根本沒有意義，身體健康所遭受的傷害是不可逆的，身而為人本應享有最基本的生存權，不能任由無良企業如此的對待，政府單位更應勇敢站出來為人民發聲，而非一昧追求經濟發展及資本主義的成就。

在這場戰役中，RCA 員工關懷協會及所有參與幫助的團體，希望超越「受害者」身份，期待未來讓這種悲劇不再重演，無良企業也不能再次以發展之名，行傷害土地和人民之實。

RCA 受害者症狀：

經過多位學者專家以及醫療人員的研究，污染 RCA 桃園廠場址之各種污染物，確實有相當高的機率導致癌症或影響健康。

RCA 在臺設廠期間雇用員工高達 2 萬至 3 萬人，根據 90 年統計，在 RCA 桃園廠工作多年的員工，至少有

1,375 人罹患癌症，包括乳癌、子宮頸癌、肝癌、大腸癌、鼻咽癌等各式惡性腫瘤，其中 216 人已過世，雖然沒有直接證據證明相關性，有不少員工生病的確是事實。

由於許多受僱勞工在工作場域容易吸入或讓皮膚接觸有機溶劑，員工長期暴露在高度致癌風險的工作環境中，另外，RCA 桃園廠生產線勞工在廠區喝的飲水機是接地下水，員工宿舍所有用水也是地下水，因此員工長期暴露在高污染的環境之中。

RCA 訴訟：

RCA 在訴訟過程中，儘管認為許多員工從離職到發病已相隔超過法定的十年時效，但法院仍認為既然侵權行為的要件之一包含損害發生，自然必須從發病後開始起算時效才是合理的解釋方法，至於還沒有發病的勞工同樣受到健康風險的威脅。

這起臺灣最大的不幸集體工傷案，一審臺灣臺北地方法院於 104 年 4 月判決共應賠償 445 名員工及家屬新臺幣 5 億 6,445 萬元。但因判賠金額不如預期，案經上訴，由臺灣高等法院審理，審理期間部分原告死亡由子女繼承訴訟。高院 106 年 10 月 27 日宣判，加碼賠償 486 名員工及家屬新臺幣 7.1 億元。除原來 RCA 公司及

旗下兩家控股公司法國 Technicolor、百慕達 Thomson 須賠償外，另奇異公司也應負賠償責任。

25.蝶戀花國道遊覽車翻覆案

107 年消基會舉辦「年度 10 大消費新聞」票選活動，是從上百則消費新聞中篩選出 30 則重大的消費議題，在 106 年的 10 大消費新聞，結果選出蝶戀花國道遊覽車翻覆，造成 33 死 11 傷的事件，是民眾認為最重要的消費新聞。

前言：

臺灣近幾年消費者對短期國內旅遊十分喜愛，時常在居家門口或辦公大樓的佈告欄，不定期張貼里長貼心

安排給居民充實又好玩的短期旅遊行程，由於價格不貴，物超所值，常常吸引鄰居好友相約出遊玩樂。

這樣安排的行程讓大家省下自己找地點和安排住宿等困擾，加上有專屬遊覽車司機開車，出遊者在車上都可以隨意休息或閒聊，像我的母親與鄰居便很熱愛這種國內短期旅遊，左鄰右舍看到不錯的行程就會相約出遊，每一次不同的行程地點都是不同的體驗。

但有一次，我母親和鄰居出遊時碰到一位司機大哥開著車橫衝直撞，大家坐在車上都覺得驚恐，後來有團員實在受不了，上前向司機大哥反映，請他開慢一點，因為車上遊客年紀稍長，開快車大家心中會怕，還有人感到不適想吐，這時司機才心不甘情不願的開慢。

但司機大哥解釋：「一開始是因為你們集合動作太慢，出發時間有所延誤，但我要趕準時到定點才會開那麼快，要不然行程會來不及，如果誤點了會變成下車時間變短，你們到時候可不要怪我。」

大家才知道他開快車也是一番好意，是為了幫大家趕時間，但後來全車都同意到定點之後下車時間縮短，團員們也都相互提醒之後的集合時間都不要延誤，互相體諒後，整車氣氛變得和樂融融。後來車內旅客還會不

停的遞東西給司機大哥吃，就怕他開車沒吃飯，司機大哥態度也變得很和善，開車就非常穩當，此次旅程一切順利。

另一個案例是，有天坐我隔壁的同事接到他小孩打電話來抱怨：「媽，我們校外旅遊的遊覽車下交流道時拋錨了，現在在等遊覽車公司派另一臺車子來接我們去趕行程。」她只能安撫小孩：「就等一等，反正都出門了。」我同事掛了電話還和我說：「這會不會是不祥的徵兆？前陣子那個什麼蝶戀花的事件，心裡毛毛的。」。我說：「不會啦，沒事的。」後來她的小孩旅遊安全回家，她才鬆了一口氣。

旅行出遊是人生最快樂的事情之一，但，如果不幸在出遊時遇到事故，不僅讓人措手不及，從原本的滿心歡喜，剎那間從天堂掉到地獄，一旦傷及身體健康或損傷，更讓人一輩子難以平復。

回到蝶戀花事件就是一起非常不幸的事件，但該企業的態度就是把責任全推給已故司機，但還好有人指出這位司機在公司排班已經屬於過勞狀態，這樣的剝削卻換來公司的推諉卸責，真的令人惋惜，畢竟死人不會說話。

但特別的是，政府單位也接受了這樣的說法，認為企業沒有任何問題，理由是企業已將責任範圍內的事情做好，可是對於背後真正導致發生這件意外的脈絡卻沒有釐清，或許只能說法律設想不夠周全。

有關這個案件，大眾希望有些人能受到應有的懲罰，要知道犯錯不可怕，最可惡的是那種死不認錯及繼續犯錯，若所有企業都是如此推卸責任並為所欲為，那我們人民只能自我保佑，遇到這樣的意外也只能自認倒楣嗎？

或許，旅遊意外難免還是會發生，該如何把傷害降到最低，也考驗旅遊業者的各項配套措施和應變能力，例如事前相關設備的檢查和安全流程需要再三確認、還有司機精神狀況要保持最佳狀態，而不是讓司機超時工作造成精神不濟，因為如果這樣而使旅遊意外不斷發生，進而讓消費者不能放心出遊而降低市場消費能力，豈不兩敗俱傷？

蝶戀花國道遊覽車翻覆案

本來是大家快樂賞櫻的旅遊，但卻發生不幸國道翻車事件，這一起事故發生於 106 年 2 月在國道翻覆造成重大悲劇的「蝶戀花旅行社賞櫻團國道翻車事故」，連同

蕭姓領隊在內共有 33 人身亡，另有 11 人輕重傷。

　　賞櫻團遊覽車從武陵返回臺北時行經國道 5 號，準備進入國道 3 號的 1 處左彎時，疑似車速過快導致遊覽車突然失控衝出護欄，滑落右側邊坡，車頂被整個掀起，據搶救人員表示現場斷肢殘臂散落一地，邊坡血跡斑斑宛如人間煉獄。由於多數乘客未繫安全帶，翻車後被甩至同一側，以致不少人被堆疊在一起，部分乘客則被甩出車外，還遭到車體重壓，許多遺體幾乎體無完膚。

　　檢警查出司機康育薰涉嫌超速，且連續上班超過 10 天，甚至出現連續 24 天沒有休假而似有過勞疏忽，突顯這起不幸案例根本不應該發生。這次事故引起臺灣傳媒大幅報導臺灣旅遊巴士業界的問題，並採訪眾多旅遊巴士司機，討論過勞和低薪問題。

　　事後士林地院宣判，蕭姓領隊家屬可獲賠新臺幣261 萬 6,811 元，其中新臺幣 97 萬 2,000 元由蝶戀花獨自賠償，新臺幣 164 萬 4,811 元由駕駛的家屬、友力通運公司及蝶戀花共同賠償。雖然和解金或保險金的給付都只是個數字，但臺灣司法關於車禍死亡事件的損害賠償仍存在許多問題，人命不能用金錢來衡量，但臺灣對於相關車禍事故的賠償和審理，只能說不受到尊重。

結論是，蝶戀花事件檢方認定僅已故司機有責，士林地檢署認定，遊覽車超速是肇事主因，肇事遊覽車沒有設計瑕疵或機械故障等問題，如今肇事司機已經死亡故全案將不起訴；以上就是臺灣對於這起造成 33 人身亡，另有 11 人輕重傷的蝶戀花翻車事件之終點答案。各位，您覺得如何呢？

從空氣殺人事件談起

：重大公共安全事件團訟案例的教訓與省思

作　者／陳家翊
美術編輯／達觀製書坊
文字編輯／黃冠升

企畫選書人／賈俊國

總 編 輯／賈俊國
副總編輯／蘇士尹
編　　輯／黃欣
行銷企畫／張莉滎、蕭羽猜、溫于閎

發 行 人／何飛鵬
法律顧問／元禾法律事務所王子文律師
出　　版／布克文化出版事業部
　　　　　115 臺北市南港區昆陽街 16 號 4 樓
　　　　　電話：(02)2500-7008 傳真：(02)2500-7579
　　　　　Email：sbooker.service@cite.com.tw
發　　行／英屬蓋曼群島商家庭傳媒股份有限公司城邦分公司
　　　　　115 臺北市南港區昆陽街 16 號 8 樓
　　　　　書虫客服服務專線：(02)2500-7718；2500-7719
　　　　　24 小時傳真專線：(02)2500-1990；2500-1991
　　　　　劃撥帳號：19863813；戶名：書虫股份有限公司
　　　　　讀者服務信箱：service@readingclub.com.tw
香港發行所／城邦（香港）出版集團有限公司
　　　　　香港九龍土瓜灣土瓜灣道 86 號順聯工業大廈 6 樓 A 室
　　　　　電話：+852-2508-6231　　傳真：+852-2578-9337
　　　　　Email：hkcite@biznetvigator.com
馬新發行所／城邦（馬新）出版集團 Cité (M) Sdn. Bhd.
　　　　　41, Jalan Radin Anum, Bandar Baru Sri Petaling,
　　　　　57000 Kuala Lumpur, Malaysia
　　　　　電話：+603- 9056-3833　　傳真：+603- 9057-6622
　　　　　Email：services@cite.my
印　　刷／韋懋實業有限公司
初　　版／2025 年 2 月
定　　價／350 元
ＩＳＢＮ／978-626-7518-79-3
ＥＩＳＢＮ／9786267518823 (EPUB)